日本加除出版株式会社

はしがき

本書は、ライブコマースサービスへの新規参入を計画している小売店や生産者等の事業者、ライブ配信を行っている配信者、ライブ配信サービスを提供しているプラットフォーム事業者をはじめ、ライブコマースに関わる、あるいは関わろうとしている全ての方々へ向けて、ライブコマースを取り巻く法律問題を整理し、円滑なサービスの提供と運営にお役立ていただくことを目的としています。ライブコマースに関する法的論点を調査するためにまず手に取っていただける1冊として、全体像を俯瞰しつつ、具体的な論点を各当事者の視点から多角的に解説する方式を採用しています。

ライブコマースは、電子商取引（Eコマース）とライブ配信の複合サービスであり、Eコマースに関する法的論点とライブ配信に関する法的論点が複合的に生じるため、一見すると複雑に思えます。しかし、当該論点がEコマース側に分類されるのか、ライブ配信側に分類されるのかを明確にし、各当事者の視点から論点を分析することは理解を深める一助となります。本書は、各論点をプラットフォーマー、配信者、出品者、ライブ配信視聴者の視点から検討し、例えば、出品者の法務担当者が視聴者との間でどのような法的リスクが生じる可能性があるかを検討する際のヒントを提供することを目指しました。

新型コロナウイルス感染症の影響下において、「リアル店舗」では商品の魅力を現場で消費者に直接伝えることが叶わず、販売手段は限定され、営業の在り方そのものを見直すことを余儀なくされました。また、エンタメ領域においても、多くのアーティストがライブやイベントを中止せざるを得ず、開催できたとしても観客に相当程度の制限が課された状態で、「窮屈」な思いをしたアーティストやファンは少なくないように思います。他方、アバターを纏った配信者であるいわゆる「VTuber」の台頭により、今やバーチャル空間上でのライブやイベントは珍しいものではなくなりました。このような「バーチャルの価値」のアップデートは、コロナ禍におけるポジティブな要素としてエンタメ領域外においても広く受け入れられはじめているように思われます。

コロナ禍以前の生活に戻りつつある現在、Eコマースの利便性やバーチャルの価値を再認識したユーザーは、それがない生活に戻ることは困難です。リアルにはリアルの、バーチャルにはバーチャルの価値がそれぞれ存在し、両者は矛盾するものでもありません。ライブコマースが、ユーザーとより良い商品とが出会う貴重な場として、事業者からも消費者からも注目されることを願いつつ、本書がその一助となれば著者としてこの上ない喜びです。

最後に、本書の出版に際し多大なご尽力とご助力を賜りました日本加除出版の前田敏克氏に、厚く御礼申し上げます。

2023年3月

弁護士　星　諒佑

※なお、本書は具体的事案を前提にした法的見解、筆者の所属組織の見解乃至意見を表明するものではありません。

目　次

序章

近時、ライブ配信とＥコマースを組み合わせた「ライブコマース」が新たな商品販売手法として注目されています。新型コロナウイルス禍においては、営業の制限を余儀なくされた「リアル店舗」事業者は少なくなく、Ｅコマースへの販売手法の変更を余儀なくされた事業者も少なくありません。

しかし、Ｅコマースは商品の売買がなされるのみで、「リアル店舗」での店員とのコミュニケーションといった体験は得られず、顧客がインターネットを介しながらであっても、如何に「リアル店舗」で買い物をしているかのような体験をしてもらうかを模索する必要性が生じてきました。

ライブコマースは、単に商品を販売するだけでなく、配信者の個性や影響力を活かして商品の魅力をアピールすることで、一つのブームを作り出す可能性も秘めています。

本章では、ライブコマースをめぐる法律関係を解説する前提として、ライブコマースの概要、主な当事者やその立ち位置、海外の状況等についてみていきます。

ライブコマースとは

ライブコマースとは、ライブストリーミング配信とEコマース（電子商取引）を組み合わせたサービスをいいます。ライブストリーミング配信は、事前に収録編集されたコンテンツを配信するのではなく、リアルタイムに配信するコンテンツ配信形態であり、配信の視聴者とのリアルタイムのコミュニケーションが配信を盛り上げる要素となっている点や、雑談等の一見すると無駄とも思えるようなコンテンツの「余白」を楽しめる点が、完成されたコンテンツを配信するサービスと異なります。

ライブコマースは、ライブ配信者が商品やサービスをライブ配信中に紹介することで、視聴者に対し、当該商品やサービスの購入を促すことを目的としています。視聴者は、配信者がライブ配信中に紹介する商品やサービスについて、プラットフォーム上のコメント機能を用いてリアルタイムに質問しながら、深く商品の特徴を知ることができます。これにより、Eコマースにおける商品紹介ページに記載されている文字情報や画像以上の情報を得ることができ、商品の質感や使用感といった言語化しにくい要素も質問することで定性的な情報を得ることができ、購入するかどうかを決めるための判断要素を増やすことができます。また、このようなコメントを通じた配信者と視聴者とのやりとりはプラットフォーム上で公開された状態でなされるため、自分が気付かなかった他の視聴者の視点を購入するかどうかの判断要素とすることができます。さらに、配信者が商品の生産者や小売店販売事業者自身である場合、当該商品の知識を十分有する者による配信がなされることで、視聴者は、あたかも店頭で商品に関する説明を聞き、質問をしているかのような体験を得られます。商品（農業商品等）の生産者による配信では、商品の製造（生産）過程や背景等、経済合理性やメリット・デメリットを超えた、感情に働きかける販売促進も可能となります。特に新型コロナウイルス禍では、視聴者は、自宅にいながら店舗にいるかのような購買体験を得ることができ、一方で販売事業者も店舗を閉めつつ商品販売が可能となるというメリットもあります。

配信者によっては、既に配信者のファンコミュニティが形成されている場合もあり、配信者のファンがそのまま視聴者となる場合も考えられます。この場合、商品の良し悪しにかかわらず、「配信者が紹介した商品を持っていること」それ自体が当該コミュニティにおけるアイデンティティとなるケースもあり得ます。これが良いか悪いかはともかくこのような、いわゆるインフルエンサーがライブ配信を行い商品やサービスを紹介する場合、商品の生産者や販売事業者が自ら広告を出し、自らの販売サイトやチャネルを通じて販売する場合以上の広告宣伝効果を得られるメリットもあります。

このようなライブコマースの形態としては、商品生産者や販売事業者が自ら動画配信プラットフォーマーや自社サイトを通じてライブ配信を行うケースや、商品生産者や販売事業者が上記のようなインフルエンサーにライブ配信（販促）を委託するケース等様々です。

海外の状況

元々、ライブコマースは海外から発展してきたサービスであり、例えば中国では、インフルエンサーや発信力のある者を起用した販促活動が積極的に行われています。特に、新型コロナウイルス禍で飲食店等の店舗の売上減少が顕著な中、Eコマースの他にライブコマースを販路の拡大だけでなくマーケティングにも活用している事例が見られ、特定の商品やサービスの専門性に長けたKOL（Key Opinion Leader）や、インターネット上で発信力のある一般人であるKOC（Key Opinion Consumer）といった者によりライブ配信が実施されている点が特徴的です。中にはSNSで数千万人のフォロワーを持つKOLもおり、KOLを育成する事業者すらも存在しているという一大産業となっています。中国における2020年時点での市場規模は10兆円以上、将来的な市場期待値は34兆円といわれており、他方で日本の市場規模は1億円未満、EC市場の1万分の1といわれていることからすれば（松村夏海『売れる「ライブコマース」入門』（フォレスト出版、2022））、今後の「伸びしろ」は大きいように思われます。ただし、中国においては偽物が出回っており、信頼できる人から購入した方が安心感があるという事情があり、日本と中国の状況を比較することが合理的かどうかは慎重な検証が必要です。

第1章

ライブコマースをめぐる契約関係

ライブコマースサービスにおける主な当事者として、配信者、出品者、視聴者、プラットフォーマーが挙げられます（本書では、「配信者」「出品者」「視聴者」を総称して「ユーザー」と表記します）。それぞれ属性や役割、法的立場が異なり、それぞれの立場を理解することはライブコマース事業全体を理解するために重要ですので、各当事者の立場やどのような契約関係にあるかについて検討します。なお、本書での解説は一般的な解説であり、サービスによって各当事者の立場や契約関係は異なるため、具体的にサービスの構築を検討する場合、実施したいサービスの在り方に合わせて個別具体的に検討する必要があります。

ライブコマースにおける当事者

1 配信者

配信者とは、ライブ配信を実施する主体をいいます。インフルエンサーをはじめ、芸能人やタレントもライブ配信に参入してきており、Live2Dモデルや3Dアバターを身に纏ったいわゆるVTuberも珍しくありません。また、ライブコマースにおいては商品を製造する人（生産者）や、一次産業従事者も自らライブ配信を行うことがあります。一般的に、ライブ配信者はライブ配信プラットフォーム上で、自らのパフォーマンスに応じた「投げ銭」を獲得して収益を得ると共に紹介した商品の販売数に応じた収益分配により収益を得る契約とされることもあります。

ライブ配信を行う者は、サービスによってライバー、動画配信者、演者等様々な呼ばれ方がありますが、本書では「配信者」に統一します。

2 出品者

出品者とは、商品をライブコマースで販売しようとする主体をいいます。百貨店、中古品販売店、農業生産者等、これまで「リアル店舗」で商品を取り扱っていた事業者が、ライブコマースを通じて販売チャネルを拡大しており、例えば百貨店の従業員が自ら配信者となって商品を紹介するライブ配信を行う等、出品者が配信者の地位を兼ねることもあります。また、農作物等の一次生産者が自ら配信者となる場合もあれば、百貨店等の小売事業者が出品者となる場合もあります。商品の生産者が出品者となった場合、プラットフォームを通じて直接視聴者に対して販売でき、中間事業者に費用を支払う必要がなくなるメリットもあります。

本書では、商品をプラットフォームに出品する者を出品者、商品を製造、生産する者を生産者と呼びます。なお、生産者が直接プラットフォームに出品する場合もあるため、生産者が出品者を兼ねることがあります。

また、商品をライブコマースで販売しようとする者は、サービスによって出品者、売主、製造者等様々な呼ばれ方がありますが、本書では「出品者」に統一します。

③ 視聴者

視聴者とは、配信者によるライブ配信を視聴し、商品を購入しようとする主体をいいます。ライブコマース配信を視聴しているからといって必ずしも商品の購入を検討しているわけではなく、配信者のファンが応援目的で購入しているケースもあります。ライブコマースの視聴者も、全く購買行動をとらない層、特定の配信者による商品のみ購入する層等多岐にわたります。視聴者の購買行動としては、商品の購入のほか、配信者のライブ配信で使用できるデジタルコンテンツ(「ギフト」「アイテム」等名称は様々です）をプラットフォーマーから購入することも考えられます。

配信者によるライブ配信を視聴し、商品を購入しようとする者は、ユーザー、買主、リスナー等と呼ばれますが、ライブコマースにおける商品の購買行動はライブ配信を視聴することが前提と考えられることから、本書では「視聴者」に統一します。

④ プラットフォーマー

プラットフォーマーとは、ライブ配信サービスを提供する事業者をいいます。事業者によってサービス内容やスタンス、UIデザインは様々ですが、ライブコマースのみに特化しているわけではなく、ライブ配信サービスの一部としてライブコマース機能を持っている事業者が多いように見受けられます。

サービスによってライブ配信事業者、プラットフォーム等様々な呼ばれ方がありますが、本書では「プラットフォーマー」に統一します。

なお、百貨店が自らライブ配信を行う場合のように、出品者が商品の販路拡大のためライブ配信を行う場合で（出品者が配信者の立場を兼ねる場合）、自社ウェブページ等にライブ配信機能を設けてライブ配信を行っているような場合、プラットフォーマーを活用しないライブコマースの形態ということができます。他方、他社のライブ配信機能を活用してライブコマースを実施している場合には、当該ライブ配信機能を提供する事業者がプラットフォーマーと位置付けられます。例えば、百貨店Ａがライブ配信サービスＢを利用してライブコマースを実施する場合、百貨店Ａは出品者兼配信者、サービスＢの提供者がプラットフォーマーという位置付けとなります。

第2 ライブコマースの契約パターン

ライブコマースサービスにおける主な当事者は、配信者、出品者、視聴者、プラットフォーマーが考えられ、契約関係も様々な態様と組合せが考えられます。本書ではまず、配信主体と売主に着目し、①出品者が自ら出品する商品を紹介するライブ配信を実施するパターン（出品者配信型）と出品者が配信者にライブ配信による販促活動を委託し、配信者が当該商品を紹介するライブ配信を実施するパターン（配信者委託型）、②生産者が売主となるパターン（生産者販売型）と事業者が売主となるパターン（事業者販売型）に分類して検討します。

なお、ライブコマースに関する契約関係は、このような構成に限定されるものではなく、サービスの実態、実現したいユーザー体験、それぞれの当事者が許容することのできるリスク等を踏まえ適切に構成する必要があります。

1　配信者に着目した分類

①出品者配信型

出品者が、自ら販売する商品の販路を拡大する目的で、出品者と配信者の立場を兼ねて自らライブ配信を行う場合です。商品知識を有する出品者が自ら創意を発揮してライブ配信を実施するため、視聴者に対し、商品の魅力や詳細を余すことなく伝えることが可能です。他方、出品者は自ら配信機材を用意し、配信コンテンツを企画したり、配信

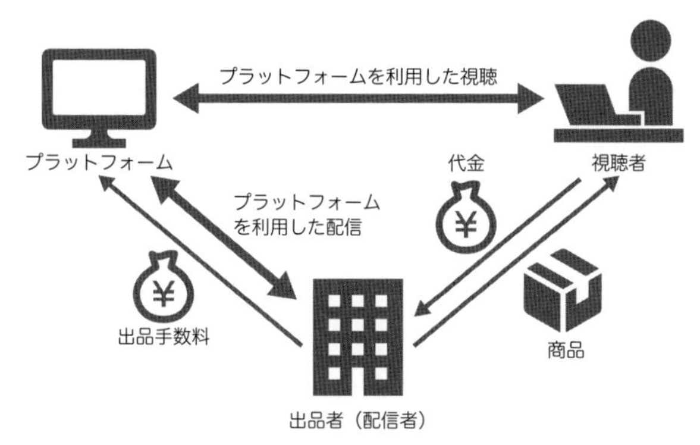

※視聴者から出品者に支払われる商品の代金は、プラットフォーマーが回収を代行し、出品手数料を控除してプラットフォーマーが出品者に送金する場合もある

後のマーケティング分析等、ライブ配信に必要な全般的な業務を実施する必要がある上、配信コンテンツの内容に関する責任を負います。また、販促活動をインフルエンサー等の第三者に委託しない場合、第三者の集客力を活用できず、自らのブランドや認知度に依存するため、そもそも視聴者が集まらない事態も考えられます。特に、リアル店舗を主な事業としてきた事業者の顧客がインターネット上でも同様に顧客となってくれるかどうかは別問題と考えられるため、想定顧客や販売商品に合わせ検討する必要があります。

②配信者委託型

上記のとおり、出品者が自らライブ配信を実施する場合、視聴者を集めることができるかどうか、話題性を作り出すことができるかどうかは出品者の行動や投下リソース次第となります。そこで、出品者が自らライブ配信を行うのではなく、ライブ配信を配信者に委託し、出品者は商品の販売に専念するパターンが考えられます。この場合、出品者は配信機材の準備を含めたライブ配信コンテンツの企画、収録・配信を配信者に委託し、場合によってはSNSでの集客等も纏めて委託することで、インフルエンサーの知名度や集客力を利用し、話題性

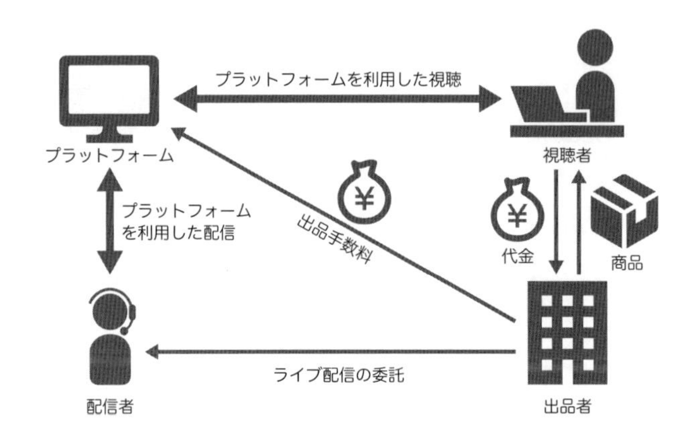

を作り出すことが期待されます。他方、出品者と配信者とが別主体となるため、出品者は、配信者に対し、商品知識や背景、伝えてほしいメッセージ等をインプットし、必要に応じて原稿を作成する等の準備が必要です。なお、商品の使用感の説明や説得力を持たせるため、配信者に対して事前にサンプル商品を送付し、一定期間使用してもらった上で、感想を含めて配信してもらう等の方法も考えられますが、いずれにしても、配信内容に対するコントロールは、出品者配信型よりも弱くなると考えられます。

② 売主に着目した分類

商品の売主に着目した分類では、サービスの仕様や実現したいユーザー体験等により、A生産者自らが売主となるパターン（生産者販売型)、B事業者が生産者から商品を仕入れ売主となる（再販する）パターン（事業者販売型）が考えられます。

なお、百貨店等の事業者ではなく、インフルエンサー等の配信者が自ら出品者から商品を仕入れた上で販売する（再販する）パターンも事業者販売型の一類型としてはあり得るものの、そもそも、当該配信者に販売ノウハウがある場合はともかく、配信者が在庫リスクを抱えるおそれや、特定商取引法上、売主となる配信者が自らの住所等の情報が視聴者に明らかになるリスク（後述）を踏まえると、例としては少ないように思われます。

A　生産者販売型

米や野菜等の生産者が自ら商品を販売する場合のように、生産者が自ら売主となり、ライブコマースサービスを通じて商品を販売するパターンです。生産者が直接視聴者に販売するため、中間事業者を介せず、視聴者に対し安価で商品を提供することが可能となる一方、生産者は、商品の出品、受注、配送手続、商品に関するクレーム対応等を自ら行う必要があります。

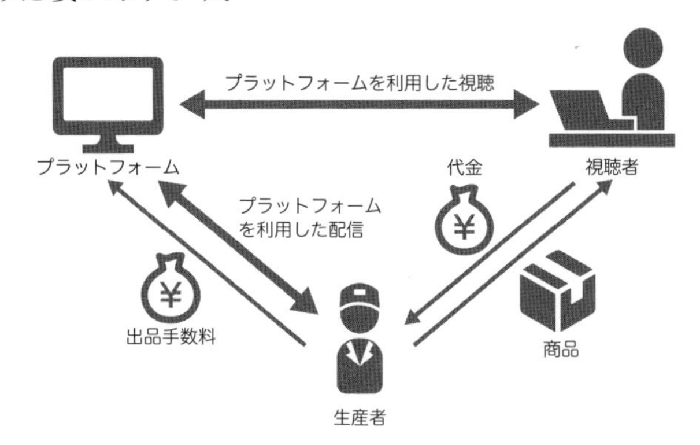

B　事業者販売型

生産者が販売事業者（百貨店、小売店等）に対し商品を販売し、当該販売事業者が視聴者に対する売主となって販売するパターンも考えられます。当該販売事業者は小売に特化し、複数種類の商品を同時に

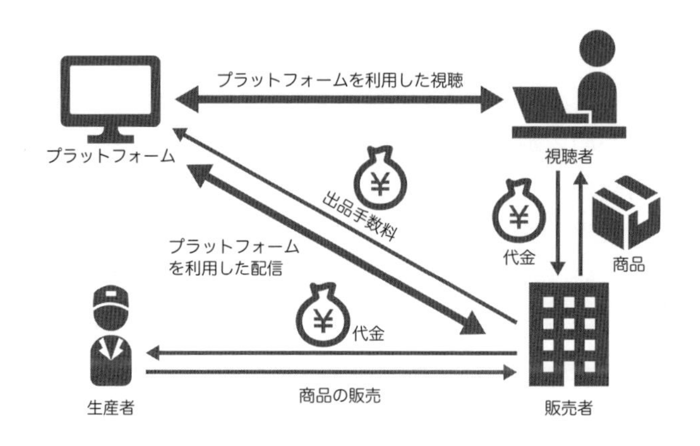

取り扱うことが想定され、販売ノウハウや問合せ対応等のリソースも有しています。他方、販売事業者が介するため、生産者が直接販売する場合と比較して商品価格が高くなるか、利益率が低くなる傾向にあると考えられます。

以上、配信主体に着目した①出品者配信型及び②配信者委託型、商品の売主に着目したA生産者販売型及びB事業者販売型を組み合わせた場合、ライブコマースの契約構成には、以下の4通りが考えられます。

	A生産者販売型	B事業者販売型
①出品者配信型	①-A生産者が自ら売主としてライブ配信を実施	①-B生産者から商品を仕入れた事業者が売主としてライブ配信を実施
②配信者委託型	②-A生産者が自ら売主となりライブ配信は配信者に委託	②-B生産者から商品を仕入れた事業者が売主となり、ライブ配信は配信者に委託

以下、それぞれの組合せにおいて成立する契約関係を検討していきます。

①-A　生産者が自ら売主としてライブ配信を実施

生産者が自ら売主として商品を販売するため、当事者は生産者となり、生産者と視聴者との間でプラットフォーマーの利用規約を通じて売買契約が成立します。この場合、売主としての特定商取引法に基づく表記は生産者の情報となるのが原則[1]となり、生産者が商品の発送を行う際は生産者側における視聴者の個人情報の取扱いが問題となります。また、生産者が自らライブ配信を実施するため、原則としてライブ配信の内容について全ての責任を生産者が負います。生産者とプラットフォーマー、視聴者とプラットフォーマーとの間では、利用契約に基づく契約関係が成立し、生産者は利用規約に基づき商品をサービス上に出品すると共に、利用規約の範囲内でライブ配信を実施することになります。視聴者とプラットフォーマーとの間にも利用規約に

1）消費者庁は、クリエイターエコノミー協会に対し、プラットフォーマーが一定の条件を満たした場合、当該プラットフォーマーの利用者は「特定商取引法に基づく表記」においてプラットフォーマーの住所や電話番号を記載するという運用で問題ない旨の見解を示しています。具体的には、特定商取引法上、「現に活動している住所」や「確実に連絡が取れる電話番号」の表記が求められているところ、①商取引の活動が当該プラットフォーマーが主宰するプラットフォーマー上で行われること、②個人事業者とプラットフォーマーとの間で「プラットフォーマーが個人事業者のプラットフォーム上の商取引における連絡先」の機能を果たすことについて合意していること、③プラットフォーマーが個人事業者の現住所及び本人名義の電話番号を把握していることという要件を満たした場合、プラットフォーマーの住所や電話番号を記載することで足りるとされています。なお、氏名については戸籍上の氏名や商業登記簿に記載された商号の記載が必要となります（一般社団法人クリエイターエコノミー協会「プラットフォームで個人が売買する際の特定商取引法の運用に関する消費者庁の見解について」 https://creator-economy.jp/n/ne52fe5d8d586）。

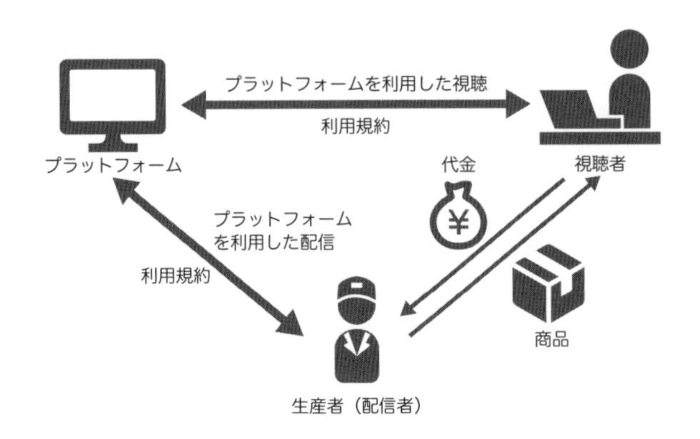

基づく契約関係が成立しており、視聴者は利用規約の範囲内でコメント投稿や商品売買に必要な手続（代金決済等）を行うことになります。なお、プラットフォーマーはあくまでライブコマースに関するサービスを提供しているのみであり、売買契約の当事者とならないのが一般的です。

1-B　生産者から商品を仕入れた事業者が売主としてライブ配信を実施

事業者が生産者から商品を仕入れて販売するため、事業者と視聴者との間で、プラットフォーマーの利用規約を通じ売買契約が成立します。また、その前提として、生産者と事業者との間で売買契約が成立しています。この場合、売主としての特定商取引法に基づく表記は事業者の情報となるのが原則となり、事業者が商品の発送を行う際は事業者側で視聴者の個人情報の取扱いが問題となります。他方、生産者が視聴者に直接発送する場合には、生産者側で視聴者の個人情報の取扱いが問題となります。また、事業者がライブ配信を実施する以上、原則としてライブ配信の内容について全ての責任を事業者が負います。

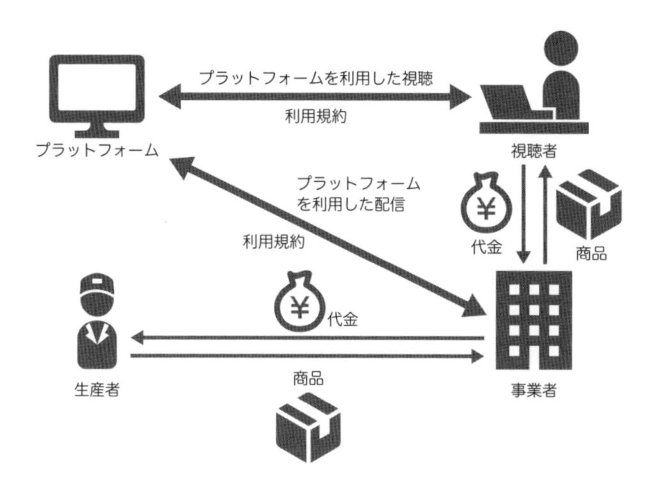

事業者とプラットフォーマー、視聴者とプラットフォーマーとの間では、利用規約に基づく契約関係が成立し、事業者は利用規約に基づき商品をサービス上に出品すると共に、利用規約の範囲内でライブ配信を実施することになります。視聴者とプラットフォーマーとの関係は①-A と同様です。

②-A　生産者が自ら売主となりライブ配信は配信者に委託

生産者が自ら売主として商品を販売する点は①-A と同様ですので、生産者と視聴者との売買に関する関係、出品者とプラットフォーマーの関係、視聴者とプラットフォーマーの関係は①-A の内容があてはまります。

他方、①-A と異なり、出品者はライブ配信を配信者に委託するため、ライブ配信内容について一次的責任を負うのは配信者となります。もっとも、出品者は委託者として、配信者の配信活動について監督する責任が生じ、当該監督が不十分あるいは出品者の指示によって配信

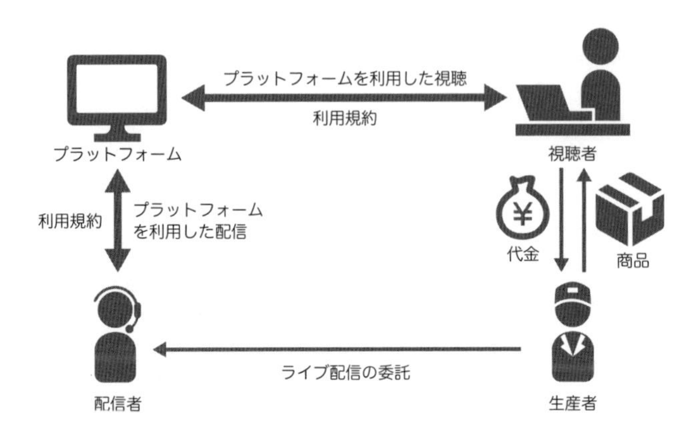

者が一次的に損害賠償責任を負う場合、出品者も責任を負う可能性があります。

ライブ配信に関しては、配信者とプラットフォーマーとの間に利用契約に基づく契約関係が成立するため、配信者は、利用規約の範囲内でライブ配信を実施することになります。

②-B　生産者から商品を仕入れた事業者が売主となり、ライブ配信は配信者に委託

事業者が生産者から商品を仕入れて販売する点は(①-B)と同様ですので、事業者と視聴者との間の売買に関する関係、事業者とプラットフォーマーの関係、視聴者とプラットフォーマーの関係は①-B の内容があてはまります。

また、ライブ配信に関しては②-A の内容があてはまります。

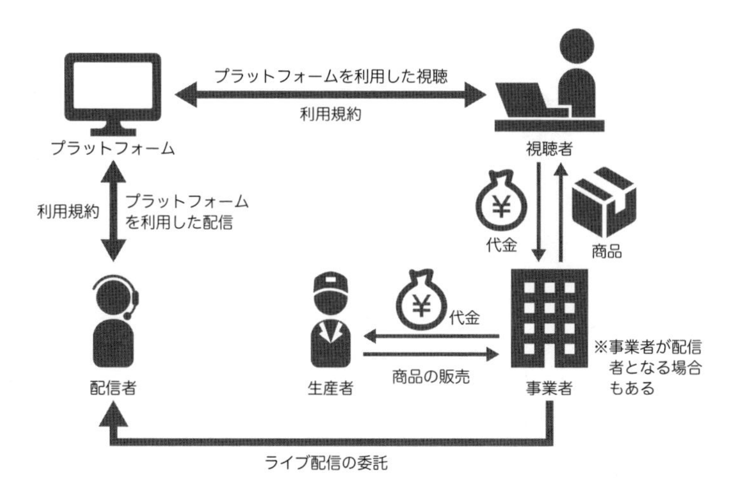
プラットフォームを利用した視聴
利用規約
プラットフォーム
視聴者
利用規約
プラットフォーム
を利用した配信
代金
商品
代金
※事業者が配信
者となる場合
もある
商品の販売
配信者
生産者
事業者
ライブ配信の委託

第3 売主の義務、責任

　売買契約における売主は商品の引渡義務を負い、商品に数量不足や欠陥があった場合にはその責任を負います。ライブコマースにおいては、基本的には生産者、出品者が売主となることが考えられ、いずれも買主たる視聴者に対し以下の義務を負います。

1 商品引渡し義務

　売主は、売買契約に基づく財産移転義務として、買主が当該財産権の完全な権利者になるよう、権利の移転に必要な行為をする義務が発生します。ライブコマースにおいてここで注意すべきなのは、商品の売主と配送元が異なる場合です。例えば、先の契約構成のうち①-B、②-Bで生産者が直接視聴者へ商品を配送する場合がこれに該当します。この場合、万が一生産者が視聴者へ商品を引き渡すことができない事態となれば、事業者は視聴者に対する引渡義務を履行できないことになります。上記契約構成では、事業者は引渡義務についてリスクを負っている点に留意する必要があり、在庫の確保ができない場合には直ちに売切れ表示とする等の対応が必要です。

❷ 契約不適合責任

①追完請求（民法562条）

買主は、代替物や不足分の引渡しや、修補を選択して求めることができます。買主に不相当な負担を課するものでないときは、売主は、買主が請求した方法と異なる方法で追完することができます（同条1項ただし書）。契約不適合が買主の帰責事由による場合、追完請求はできません（同条2項）。

②代金減額（同法563条）

買主は、履行の追完を催告し、催告期間内に履行の追完がなされない場合、商品の代金の減額を請求することができます。ただし、同法563条2項各号に該当する場合、催告は不要となります。契約不適合が買主の帰責事由による場合、代金減額は請求できません（同条3項）。

❸ 債務不履行責任

①解除

買主は、債務不履行の一般規律として、履行の追完の催告を行った上で解除が可能です（民法564条、541条）。催告解除（同法541条）の場合、契約目的を達成することが可能である場合であっても、不履行が軽微であるときを除いて解除が可能です。

②損害賠償

買主は、債務不履行の一般規律として、売主の帰責事由がある場合、損害賠償請求が可能です（同法415条1項）。

なお、先の生産者が視聴者に商品を引き渡す事ができなかった例では、当該引渡しの不履行について生産者に故意又は過失がある場合、生産者は、売買契約の相手方である事業者に対し債務不履行責任を負うことになります。

第2章

立ち上げ・準備編

本章では、前章のライブコマースをめぐる法律関係の整理を前提に、実際にライブコマースサービスを立ち上げるために何をすれば良いか、その際にどのような点に注意すべきかを解説します。

ライブコマースはライブ配信サービスとＥコマースサービスとが複合して構成されており、それぞれの観点から求められる手続や法制度に留意する必要があります。

また、システムの構築やコンテンツの制作にあたっては下請法に留意することや、広告制作時には景品表示法に留意すること等、ライブコマースサービスであるかにかかわらず留意すべき点も重要です。

なお、サービス立ち上げにあたり一般的に検討すべき事項を付録「チェックシート」(200頁）にまとめましたので参考にしてみてください。

必要な許可、届出

【プラットフォーマーの視点】

ライブコマースサービスをリリースするにあたって、取り扱う商品によっては取得が必要な許可や届出がある場合があります。ライブコマース事業それ自体を一般的に規制する法律はありませんが、場合により以下のような許可の取得や届出が必要となる場合があります。

取扱商品と必要な手続の一例

販売する商品	必要な手続	罰則
酒類	通信販売によって酒類を販売する場合：通信販売酒類小売業免許	1年以下の懲役又は50万円以下の罰金（酒税法56条1項1号）
医療機器	一部の医療機器を販売する場合は許可又は届出	3年以下の懲役若しくは300万円以下の罰金（薬機法84条）
食品 （健康食品含む）	食肉、魚介類等の販売については食品衛生法に基づく許可 ※農家直送やパッケージ済みの加工品を販売する場合は不要	1年以下の懲役又は100万円以下の罰金（食品衛生法83条4号）
中古品	古物商許可	3年以下の懲役又は100万円以下の罰金（古物営業法31条）

上記のほか、視聴者間で連絡を取り合うDM機能を実装する場合は、電気通信事業者としての届出を検討する必要がある等、いずれにしても、想定するサービスの仕様や取扱商品に応じ、必要な手続を調査の上で履践していく必要があります。

第2 サービス、コンテンツの制作

ライブコマースの基盤となるシステム（プログラム）や、サービスUIのデザイン、コンテンツデザイン等、専門技能を要する業務を自社で実施できない場合、外部事業者やクリエイターに発注して制作することになります。この場合、受注者との間で制作委託契約を締結した上で制作を進めていくことになりますが、以下のような点に注意すべきです。

1 委託の前提

【プラットフォーマーの視点】

業務委託の前提として、委託する業務や想定される成果物の仕様が明確化されていることが必要です。これらの仕様等の明確化のためには、ライブコマースサービスチームを組成する等して、何を内製して何を外注するのか等を含めて判断していくことになると考えられます。自社の事業に精通している事業部門、ソフトウェア開発を主導する開発部門を基軸に、収益や費用認識を検討するため財務部門等からもチームを構成し、法務部門は、サービス全体の契約構成の検討や各種規約の作成、取扱商品により必要な許可、届出関係の調査や手続を進めていくことになります。

【プラットフォーマー、受注者の視点】

業務委託の性質上、受注者は、委託者が定めた仕様に従って業務を遂行し、納期までに成果物を完成させることとなるため、特に外注するサービスについては明確かつ具体的に仕様を決める必要があります。自社サービスとしてライブコマースを展開するのであれば、将来的に、仕様を把握している者が社内にいないという事態を防止するためにも、そのような業務は社内人材によりなされるべきです。また、業務委託においては、定められた仕様が受注者の履行義務の内容（責任が発生するか否かの分界点）となることから、受注者の立場の視点で注文内容を具体化し、受注者の義務範囲を明確にすることが重要となります。

制作委託契約の締結

【プラットフォーマーの視点】

プラットフォーマーが外部事業者やクリエイターに対しシステムやコンテンツ制作を発注するにあたっては、下請法（下請代金支払遅延等防止法）に留意する必要があります。下請法は、下請取引の公正化・下請事業者の利益保護を目的とした法律であり（同法１条）、特に親事業者の義務（同法２条の２、３条、４条の２、５条）、親事業者の禁止事項（同法４条）に注意が必要です。プラットフォーマーが受注者との関係で「親事業者」に該当する場合、以下の義務が課されます。

義　務	概　要
書面の交付義務	発注の際は直ちに３条書面を交付すること。
支払期日を定める義務	下請代金の支払期日を給付の受領後60日以内に定めること。
書類の作成・保存義務	下請取引の内容を記載した書類を作成し、２年間保存すること。
遅延利息の支払義務	支払が遅延した場合は遅延利息を支払うこと。

①発注書面の作成、交付義務

プラットフォーマーは、「親事業者」として外部事業者やクリエイターに対し発注書面を交付する義務があります（同法3条）。具体的には、発注にあたり以下の具体的記載事項をすべて記載している書面（3条書面）を直ちに下請事業者に交付する義務があります。

⑴　親事業者及び下請事業者の名称（番号、記号等による記載も可）
⑵　製造委託、修理委託、情報成果物作成委託又は役務提供委託をした日
⑶　下請事業者の給付の内容（委託の内容が分かるよう、明確に記載する。）
⑷　下請事業者の給付を受領する期日（役務提供委託の場合は、役務が提供される期日又は期間）
⑸　下請事業者の給付を受領する場所
⑹　下請事業者の給付の内容について検査をする場合は、検査を完了する期日
⑺　下請代金の額（具体的な金額を記載する必要があるが、算定方法による記載も可）
⑻　下請代金の支払期日
⑼　手形を交付する場合は、手形の金額（支払比率でも可）及び手形の満期
⑽　一括決済方式で支払う場合は、金融機関名、貸付け又は支払可能額、親事業者が下請代金債権相当額又は下請代金債務相当額を金融機関へ支払う期日
⑾　電子記録債権で支払う場合は、電子記録債権の額及び電子記録債権の満期日
⑿　原材料等を有償支給する場合は、品名、数量、対価、引渡しの期日、決済期日、決済方法

②下請代金支払期日の定め方

親事業者は、下請代金の支払期日を定めるにあたり、親事業者が下請事業者の給付の内容について検査するかどうかを問わず、下請代金の支払期日を物品等を受領した日（役務提供委託の場合は下請事業者が役務の提供をした日）から起算して60日以内で、できる限り短い期間内で定める必要があります（同法2条の2）。万が一親事業者が下請代金をその支払期日までに支払わなかったときは、下請事業

公正取引委員会「第3条書面の参考例」[2]による書式例

注　文　書

令和○年○月○日

＿＿＿＿＿＿＿＿殿

○○○株式会社

品名及び規格・仕様等

納　期	納入場所	検査完了期日

数量（単位）	単価（円）	代金（円）	支払期日	支払方法

○　本注文書の金額は，消費税・地方消費税抜きの金額です。支払期日には法定税率による消費税額・地方消費税額分を加算して支払います。

者に対し、物品等を受領した日（役務提供委託の場合は下請事業者が役務の提供をした日）から起算して60日を経過した日から実際に支払をする日までの期間について、その日数に応じ当該未払金額に年率14.6%を乗じた額の遅延利息を支払う義務が発生します（同法4条の2、下請代金支払遅延等防止法第4条の2の規定による遅延利息の率を定める規則）。

③書類の作成及び保存

また、親事業者は、下請事業者に対し製造委託、修理委託、情報成果物作成委託又は役務提供委託をした場合、給付の内容、下請代金の額等について記載した書類を作成し、2年間保存する義務があります（同法5条、下請代金支払遅延等防止法第5条の書類又は電磁的記録の作成及び保存に関する規則3条）。記載内容は以下のとおりです。

2）https://www.jftc.go.jp/shitauke/legislation/index_files/R4textbook-re.pdf

⑴　下請事業者の名称（番号、記号等による記載も可）
⑵　製造委託、修理委託、情報成果物作成委託又は役務提供委託をした日
⑶　下請事業者の給付の内容（役務提供委託の場合は役務の提供の内容）
⑷　下請事業者の給付を受領する期日（役務提供委託の場合は、下請事業者が役務の提供をする期日・期間）
⑸　下請事業者から受領した給付の内容及び給付を受領した日（役務提供委託の場合は、下請事業者から役務が提供された日・期間）
⑹　下請事業者の給付の内容について検査をした場合は、検査を完了した日、検査の結果及び検査に合格しなかった給付の取扱い
⑺　下請事業者の給付の内容について、変更又はやり直しをさせた場合は、内容及び理由
⑻　下請代金の額（算定方法による記載も可）
⑼　下請代金の支払期日
⑽　下請代金の額に変更があった場合は、増減額及び理由
⑾　支払った下請代金の額、支払った日及び支払手段
⑿　下請代金の支払につき手形を交付した場合は、手形の金額、手形を交付した日及び手形の満期
⒀　一括決済方式で支払うこととした場合は、金融機関から貸付け又は支払を受けることができることとした額及び期間の始期並びに親事業者が下請代金債権相当額又は下請代金債務相当額を金融機関へ支払った日
⒁　電子記録債権で支払うこととした場合は、電子記録債権の額、下請事業者が下請代金の支払を受けることができることとした期間の始期及び電子記録債権の満期日
⒂　原材料等を有償支給した場合は、品名、数量、対価、引渡しの日、決済をした日及び決済方法
⒃　下請代金の一部を支払い又は原材料等の対価を控除した場合は、その後の下請代金の残額
⒄　遅延利息を支払った場合は、遅延利息の額及び遅延利息を支払った日

利用規約の作成

ライブコマースにおける主な当事者である配信者、出品者、視聴者、プラットフォーマーの契約関係は、主に利用規約により定められます。

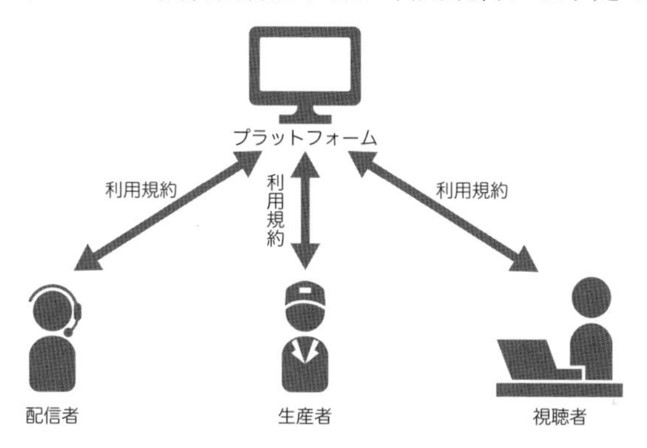

プラットフォーマーが利用規約を定めるにあたり注意すべき点として、利用規約が定型約款（民法548条の2）に該当するか否かの判断を前提に、定型約款に求められる要件を満たした上で、規約改定の際にも、法律上求められている手続を遵守すること、利用規約の条項が消費者契約法上無効とならないようにすること等が考えられます。

1 利用規約の法的性質

【プラットフォーマーの視点】

サービス利用規約は不特定多数のライブコマースサービスのユーザーに対し統一したルールのもとでサービスを提供するため、プラットフォーマーと各当事者との権利義務関係を一律に定めるものです。このような利用規約は、「定型取引（ある特定の者が不特定多数の者を相手方として行う取引であって、その内容の全部又は一部が画一的であることがその双方にとって合理的なもの（略）。）を行うことの合意」として、定型約款（定型取引において、契約の内容とすることを目的としてその特定の者により準備された条項の総体）に該当すると考えられます（民法548条の2)。例えば、各種SaaSの利用規約がこれに該当します。定型約款は、当事者間で個別の条項について合意するものではなく、定型約款を契約の内容とする旨の合意をし、定型約款を準備した者（プラットフォーマー）があらかじめその定型約款を契約の内容とする旨を相手方（ユーザー）に表示していたときは、利用規約に定められている個別の条項についても合意をしたものとみなされるというものです。ただし、このような条項のうち、相手方の権利を制限し、又は相手方の義務を加重する条項であって、その定型取引の態様及びその実情並びに取引上の社会通念に照らして民法1条2項に規定する基本原則に反して相手方の利益を一方的に害すると認められるものについては合意をしなかったものとみなされます。

プラットフォーマーが利用規約を定めるにあたっては、まず同法548条の2に定める定型約款の要件を満たすよう設計していくことになります。

❷ 利用規約の例

以下、利用規約の例を取り上げながら、各条項で問題となり得る点を検討します（全文は、192頁参照)。なお、以下はあくまで参考例であり利用規約はサービス内容等に応じて修正する必要がある点にご留意ください。

(1)　契約関係の前提

前文

本利用規約（以下、「本規約」といいます。）は、本サービスの提供条件及び当社と登録ユーザーとの間の権利義務関係を定めるものです。本サービスを利用しようとする者は、本規約の全文をお読みいただいたうえで、本規約に同意するものとします。

利用規約の位置付けと、規約に対する同意の必要性が定められています。ただし、同意の必要性が定められたからといって実際に同意が成立するわけではなく、いかに利用規約に対する同意を取得するかについては別途検討する必要があります。

(2)　本規約の適用範囲

第１条（適用）

1　本規約は、ユーザーと当社との間の本サービスの利用に関する一切の事項に適用されます。 2　当社が別途定める個別規約、ガイドライン等は本規約の一部を構成します。 3　本規約の内容と前項の個別規約、ガイドライン等、その他当社による本規約外における本サービスに関する説明等とが異なる場合、本規約が優先して適用されます。

１項では、利用規約が、配信者、視聴者、出品者、購入者問わず全てのユーザーとの間で適用されること、これらの各当事者とプラットフォーマーとの間の全ての事項に適用されることを示し、利用規約に当事者間の一切について解決の根拠とする機能を持たせています。

２項では、利用規約では規定しきれない個別具体的な定めを設けた個別規約やガイドラインが制定された場合、これらは利用規約の一部として構成され、拘束力が生じることを規定しています。

3項では、個別規約やガイドラインに限らず、プラットフォーマーによるサービス説明や拘束力の生じないガイドライン等との優先関係を示しており、利用規約の内容が優先されると定めることで、サービス全体で一貫した取扱いを可能としています。もっとも、サービスや想定される仕様、機能によっては、個別契約やガイドラインを優先させる場合も考えられます。

(3)　各用語の定義

第2条（定義）

本規約における用語の定義は以下のとおりとします。
⑴　利用契約：本規約を内容として当社と登録ユーザーの間で締結される、本サービスの利用契約
⑵　ユーザー：ライブ配信を行う配信者、ライブ配信を視聴する視聴者、商品を本サービスに出品する出品者、本サービスで商品を購入する購入者
⑶　利用申請者：本サービスの利用を申し込む者
⑷　登録情報：本サービスの利用登録のために必要な情報
⑸　登録ユーザー：第3条（登録）に基づいて本サービスの利用者としての登録がなされた個人又は法人
⑹　本サービス：当社が提供する【サービス名称】（サービスの名称又は内容が変更された場合、当該変更後のサービスを含みます。）
⑺　当社ウェブサイト：当社が運営するウェブサイト（【サービスURL】理由の如何を問わず、当社のウェブサイトのドメイン又は内容が変更された場合は、当該変更後のウェブサイトを含みます。）
⑻　投稿データ：登録ユーザーが本サービスを利用して投稿その他送信するコンテンツ（文章、画像、動画その他のデータを含み、これらに限りません。）
⑼　知的財産権：著作権（著作権法第27条及び第28条に規定する権利を含みます。）、特許権、実用新案権、意匠権、商標権その他の知的財産権（それらの権利を取得し、又はそれらの権利につき登録等を出願する権利を含みます。）

利用規約における定義を定めるものです。本規定では定義条項を設けていますが、各条項の中で都度用語を定義する方法もあります。

「投稿データ」について、ライブコマースサービス上には配信動画、コメント、商品画像等、多数のデータが存在しますが、これらを一括して「投稿データ」として定義しています。サービスの仕様によって各データについて別段の取扱いが必要である場合、一括して定義することはせず、それぞれのデータについてそれぞれ定義する必要があります。

本規約は、出品者による商品の出品行為、配信者によるライブ配信行為、視聴者による商品の購入行為とライブ配信の視聴行為全てに対し、一般的に適用されることを想定しており、「登録ユーザー」には個人だけでなく法人も含まれています。法人がプラットフォームの相手方となるのは商品の出品申込みを受けた場合が典型的ですが、取り決める内容によっては、利用規約に同意する形式ではなく、別途契約書を用意し、その都度事業者毎に異なる内容で出品に関する権利義務関係を定めることも想定されます。

(4) ア　サービスへの登録

第3条（登録）

1　利用申請者は、本規約を遵守することに同意し、登録情報を当社の定める方法で当社に提供することにより、当社に対し、本サービスの利用を申請することができます。
2　当社は、当社が定める基準に従い、利用申請者の登録の可否を判断し、当社が登録を認める場合、その旨を利用申請者に通知します。利用申請者の登録は、当社が本項に基づく通知を発信したことをもって完了したものとみなします。
3　前項に定める登録の完了時に、本サービスの利用に関する契約関係が利用申請者と当社との間に成立し、利用申請者は、本サービスを本規約に従い利用することができます。
4　当社は、利用申請者が以下の各号のいずれかの事由に該当する場合、本サービスへの登録及び再登録を拒否することがあります。その場合、当社は、登録及び再登録拒否の理由について開示する義務を負いません。

> ⑴　登録情報の全部又は一部につき虚偽、誤記又は記載漏れがあった場合
> ⑵　利用申請者が未成年者、成年被後見人、被保佐人又は被補助人のいずれかであり、かつ法定代理人、後見人、保佐人又は補助人の同意等を得ていなかった場合
> ⑶　反社会的勢力等（暴力団、暴力団員、右翼団体、反社会的勢力、その他これに準ずる者をいいます。）である、又は資金提供その他を通じて反社会的勢力等の維持、運営若しくは経営に協力、関与する等反社会的勢力等との何らかの交流又は関与を行っていると当社が合理的に判断した場合
> ⑷　過去に当社との契約に違反した者又はその関係者であると当社が合理的に判断した場合
> ⑸　利用申請者が第10条に定める措置を受けたことがある場合
> ⑹　その他、本サービスへの登録が適当でないと当社が合理的に判断した場合

ライブコマースサービスに限らず、インターネット上のサービスはアカウントを作成し、アカウントに情報を紐付けて利用することが一般的です。本条は、ユーザーがアカウントを作成するために必要な登録手続を定めるものであり、登録に先立ちプラットフォーマーがユーザーの審査を行い、いかにサービスに入ってきてほしくないユーザーによる申請を拒否するかが重要な視点となります。

そもそも、プラットフォーマーとユーザーとの間では、契約自由の原則に基づき、サービス利用に関する契約を締結するか否かは自由であり、契約の拘束力が生じる前である契約成立前であれば、プラットフォーマーは、ユーザーによるサービス利用申込みを承諾しなければ、サービスに入ってきてほしくないユーザーをサービスに入れないことが可能となります。

他方、一旦契約が成立してしまうと、プラットフォーマーとしては、ユーザーとの間の利用規約に基づく契約関係を解消するため、契約の解除あるいは承諾の意思表示を取消し又は無効を主張する必要があり、それぞれ解除、取消、無効事由が必要となる上、争われた場合の立証

の負担を考慮すると、契約成立前に申込みを拒絶する場合と比べて難易度が上がります。そもそもプラットフォーマーとしては、利用規約上の契約解除事由に該当するかどうか、取消、無効事由が存在するかどうかをめぐるトラブルの発生自体を回避したいところです。そのため、利用規約において、サービスの利用申込みにあたり、サービスの利用にはプラットフォーマーによる登録可否の判断を行うステップを入れ、ユーザーはプラットフォーマーによるスクリーニングにも利用可能な情報を提供するのが本条の機能です。

以上を前提に、規約例の４項各号では、申込拒絶事由を列挙しています。

(1)については、登録事項の全部又は一部につき虚偽、誤記又は記載漏れがあることでプラットフォーマーのユーザーに対する連絡やユーザーの管理に生じ得る支障を防止するものです。例えば、虚偽の氏名、住所等の情報が記載されていては、商品の発送ができなくなるおそれがあります。

(2)については、ユーザーが未成年者、成年被後見人、被保佐人又は被補助人のいずれかであり、法定代理人、後見人、保佐人又は補助人の同意等を得ていなかった場合、取消しのリスクを抱えたまま商品の取引を進めることとなりかねません。また、プラットフォーマーによる健全なサービス設計に支障を来す可能性があります。そのため、上記ユーザーについては必要な同意等を取得していることを要件としています。ただし、実際に同意等を取得しているか否かは、プラットフォーマー側から確認することは困難であり、また、本号からは直接同意等の効果が得られるわけではないため、本号のみでは取消しリスクの軽減策としては不十分といえます。そのため、後述するような具体的な同意取得のための施策を講じる必要があります。

(4)及び (5)については、過去にプラットフォーマーとの契約に違反した者又はその関係者である場合や、制裁措置を受けたことがあるユーザーについて、そのような経歴に着目してサービス利用を認めるかどうか判断する機会を設けるものです。例えば、過去に誹謗中傷等によりアカウント停止や登録抹消措置を受けたユーザーが、新たにアカウントを作り直してサービス利用を継続するいわゆる「転生」対策のためには、アカウントそれ自体ではなく当該アカウントの保有者であったかどうか、過去に契約違反又は違反措置を受けたアカウント保有者と、新たに申し込んだ者との同一性をいかに確認するかが問題となります。この場合、プラットフォーマーはIPアドレス等の情報や過去の申込み情報を参照して同一性を確認することとなると考えられますが、そのようなユーザーは、申込みの際に偽名を用いたり年齢を詐称し、使用デバイスを使い分ける等している場合が多いと考えられ、上記情報のみをもって上記同一性を判断するには労力を要することに留意する必要があります。

(6) については、その他、登録を適当でないとプラットフォーマーが合理的に判断した場合に、プラットフォーマーに広範な裁量権を認めるものです。しかし、その内容や判断過程の不明確さゆえにユーザーとトラブルとなる可能性があるため、審査に関する運用マニュアルやサービス利用を拒絶するかどうかを判断するためのガイドラインを社内で定める等して、仮にユーザーとトラブルとなった場合でも、いかなる判断過程でサービス利用の諾否を決めたかについて説明できるようにしておく必要があります。

(4) イ　未成年者による取引について

ライブコマースにおいては、未成年者（民法4条）の視聴者がサービスを利用し商品を購入することが考えられます。特に、未成年者をターゲットとした商品を販売する場合や、未成年者に人気の配信者がライブ配信を行う場合、親権者や法定代理人の同意がないまま購入されることが考えられます。未成年者の視聴者は、法定代理人の同意を得ないで行った行為（商品の購入等）を取り消すことができますが(同法5条1項及び2項)、一定の場合には取消権が制限されることから、かかる未成年者取消しの可否をめぐり、出品者、プラットフォーマーと視聴者間でトラブルとなる場合があります。

【プラットフォーマーの視点】

上記の行為は、親権者又は法定代理人が同意している場合、未成年者から取り消すことができません。しかし、プラットフォーマーからすれば、実際に親権者等の同意がなされたかどうかを確認することは困難であり、未成年者との契約においては、常に未成年者取消しがなされるリスクを抱えている状態となります。プラットフォーマーとしては、かかるリスクを軽減するため、サービス利用登録時に年齢入力を求め、未成年者の場合は商品の購入をできなくしたり、UI上に「親の同意を得ました」等と記載したチェックボックスを表示させ、未成年者側に能動的にチェックさせることで、同意の取得を担保させる対応を行うことが考えられます。これらの仕組みにより、仮に未成年者が親権者等の同意を得ないまま商品を購入した場合であっても、当該視聴者が成年者であると信じさせるため「詐術」を用いたとして、取消権が制限される可能性があります（民法21条)。

もっとも、電子商取引等に関し生じる諸問題について定める「電子商取引及び情報財取引等に関する準則（経済産業省)」によれば、「『詐術を用いた』ものに当たるかは、未成年者の年齢、商品・役務が未成年者が取引に入ることが想定されるような性質のものか否か（未成年者を対象にしていたり訴求力があるものか、特に未成年者を取引に誘引するような勧誘・広告がなされているか等も含む）及びこれらの事情に対応して事業者が設定する未成年者か否かの確認のための画面上の表示が未成年者に対する警告の意味を認識させるに足りる内容の表示であるか、未成年者が取引に入る可能性の程度等に応じて不実の入力により取引することを困難にする年齢確認の仕組みとなっているか等、個別具体的な事情を総合考慮した上で実質的な観点から判断されるものと解される」とされています（準則I-4-1-(3)）。そのため、プラットフォーマーのサイトやアプリ上で未成年者が成年者を装って年齢を入力した場合であっても、それをもって直ちに「詐術」に該当するわけではなく、未成年者の年齢、取引の性質や価格、事業者が講じた措置やウェブサイト上の表示等、個別具体的な事情を総合考慮した上で実質的な観点から判断する必要があることになります。そうすると、入力フォームに生年月日を記載してもらう対応のみでは、「詐術」と認めるのに不十分と評価される可能性もあります。

それを踏まえ、プラットフォーマーとしては、上記のほかに利用規約に「未成年者の利用に際しては、親権者又は法定代理人の同意が必要です」「未成年者が本サービスを利用した場合、親権者又は法定代理人の同意があったものとみなします」と定めておき、親権者等の同意を擬制することが考えられます。しかし、当該条項を定めたとしても、「詐術」に向けられた未成年者の能動的な行為があるかどうかは別であり、また、法定代理人の取消権を制限する利用規約として、民法548条の2第2項に基づき、利用規約に対するみなし合意の効力が否定されたり、消費者契約法10条により無効と評価される可能性もあります。

その他、未成年者が商品を購入する場合、親権者等のメールアドレスを入力してもらい、取引を進める過程で親権者等に対し購入確認通知を送る仕様とすることも考えられます。しかし、当該アドレスが未成年者が作成したサブアドレス（捨てアド）であった場合、親権者の意思が反映されていないことに変わりはありません。ただし、未成年者による「詐術」といえるかどうかの判断にあたり、未成年者による「詐術」に向けた積極的な行為と評価される可能性は高まるとも思えます。

いずれにしても、上記を踏まえると、プラットフォーマーとしては、未成年者との取引を行う際に事業者としてとりえる措置には限界があり、未成年者取消しリスクは完全に回避できないため、それを前提として仕組みを構築する必要があるように思われます。例えば、取扱商品を未成年者向けでないものとしたり、仮に取消しが発生したとしても影響の小さい金額の商品を取り扱う等、仕組みによって防止できない部分は運用によりカバーすることを検討する必要があると思われます。

(4) ウ　登録情報の管理

第4条（登録情報の変更）

> 登録ユーザーは、登録事項に変更があった場合、当社の定める方法により、当該変更事項を遅滞なく当社に通知するものとします。

ライブコマースサービスにおいては、配信者は反復継続してライブ配信を行い、また、視聴者も反復継続してライブ配信を視聴したり、商品を購入することが想定されます。ユーザーがその都度情報を登録する必要があるとなると過大な負担となるため、プラットフォーマーは、アカウント登録時に登録されている情報が最新の情報であることを前提にサービス運営することが通常です。アカウント登録後に、例えばユーザーの住所が変更された場合、アカウント登録情報も更新されていなければ商品を発送することができなくなり、また、ユーザーのメールアドレスが変更された場合、アカウント登録情報も更新されていなければ、プラットフォーマーがユーザーへの連絡を適切に行うことができなくなります。そこで、登録事項に変更があった場合、ユーザー情報の変更事項をプラットフォーマーに通知することを定めることで、情報を適切に管理することを目的とするのが本条です。

第5条（パスワード及び視聴者IDの管理）

1　登録ユーザーは、自己の責任において本サービスのID、パスワードを適切に管理し、これを第三者に利用させたり、貸与、譲渡、名義変更、売買等をしてはならないものとします。
2　ID又はパスワードの管理不十分、第三者の使用等によって生じた損害に関する責任は、登録ユーザーが負うものとします。
3　登録されたID又はパスワードが使用された場合の当該ID又はパスワードに係るアカウントによる行為は、当該アカウントを保有する登録ユーザーの行為とみなします。
4　登録ユーザーが本サービスを利用するために必要な端末、機器、通信環境については、登録ユーザーの費用と責任において準備するものとします。

ライブコマースサービスに限らず、インターネットによるサービスではログインIDとパスワードを設定し、ユーザー本人と当該アカウントとの同一性を担保しているのが一般的です。本条1項は、ユーザーは、サービス上の身分証明書ともいえるIDとパスワードの管理はユーザー自身が行うものとし、その責任について明確化するものです。

本条2項は、IDとパスワードの管理が不十分であったことにより第三者が本人に無断でログインしてユーザー本人に無断で商品を購入した場合等、ユーザーに損害が発生した場合の責任について明確化するものです。

(4) エ　なりすまし問題について

プラットフォーマーがIDとパスワードによる本人認証を行ってい

たとしても、実際に当該アカウントと視聴者本人とが同一人物であるかどうかを確認することは現実的には困難であり（対面取引でないライブコマースサービスではなおさら困難といえます）、視聴者本人ではない第三者が本人になりすましてサービスを利用する可能性があります。この場合、客観的な行為者（例：商品を購入した者）が視聴者本人でない以上、原則として第三者による行為の効果は視聴者本人には帰属せず、第三者が視聴者本人から代理権を与えられている場合で、かつその権限の範囲内であった場合に、当該行為の効果が視聴者本人に帰属するのが原則です。

IDやパスワードを窃取した第三者が不正にログインし、本人になりすましてサービスを利用した場合のように、第三者が本人から権限を与えられてない場合も同様に、当該行為の効果が本人に帰属するかが問題となりますが、近時、IDやパスワードを不正に取得され、本人の知らぬ間にサービスを利用される事象は珍しくありません。例えば不正ログインした第三者が本人になりすましてサービス上で迷惑行為を行った場合、プラットフォーマーにより、当該アカウントが利用停止等の制裁措置が講じられることがあります。しかし、客観的には制裁措置の対象となったアカウントと本人との同一性が認められないため、当該制裁措置の有効性が問題となります。

【プラットフォーマーの視点】

プラットフォーマーからすれば、そもそも当該迷惑行為を行った客観的な「人物」が誰であるかを判断することはできず、当該アカウントを操作しているのが視聴者本人であることを前提に対応せざるを得ません。このような場合に備え、プラットフォーマーとしては、利用規約に、登録されたIDやパスワードが使用された場合（アカウントが使用された場合）、当該アカウントを保有するユーザー本人の行為とみなす旨を定めておくことが考えられます（利用規約例本条３項）。

【視聴者の視点】

視聴者としては、上記を前提とすると、自分のあずかり知らぬところで迷惑行為がなされ、アカウント停止等の不利益を受けたことになります。視聴者は、プラットフォーマーに対し、当該行為を行ったのは自分ではない第三者である旨を連絡する等して、制裁措置の無効や解除を求めることになりますが、他方で「迷惑行為をしていない」ことを視聴者側が証明することは不可能です。そこで、視聴者としては、プラットフォーマーに対し、プラットフォーマーがどのような事実認識と判断過程で、当該迷惑行為を行った第三者と視聴者本人との同一性を認めたのか照会することが考えられます。

(4) オ　第三者により商品が購入された場合

迷惑行為の他にも、第三者が視聴者本人のIDやパスワードを窃取してログインし、商品を購入することも考えられます。この場合も、原則として、客観的には行為者が視聴者本人でない以上、第三者による行為の効果が視聴者本人には帰属しないのが原則です。上記の第三者による迷惑行為の事例では、プラットフォーマーによる制裁措置の有効性が問題となるところ、プラットフォーマーとしては、制裁措置を正しく運用することが健全なサービスの実現につながるため、第三者による迷惑行為であるにもかかわらず、行為者ではない視聴者本人に制裁措置を講じるインセンティブはありません。しかし、第三者による商品購入の事例では、商品に関する売買契約の効果が視聴者本人に帰属するかどうかが問題となることから、プラットフォーマーとしては、アカウントに登録されている情報に従い、売買契約の効果を帰属させることが合理的であるとのインセンティブが働く可能性があります。プラットフォーマーからすれば、氏名や住所が不明な第三者ではなく、住所等の情報を把握している当該アカウント保有者との間で売買契約が成立した方が、契約の履行を求めることができるという意味では合理的です。そのため、第三者がアカウントという外観を用い、その外観をプラットフォーマーが信頼したことを根拠として、表見代理（民法110条、112条）により本人との契約関係を主張することが(一応は）考えられます。表見代理が成立する場合、プラットフォーマーと視聴者の間に第三者による行為の効果が帰属することになります。

しかし、表見代理の要件として本人の帰責性が求められるところ、ユーザー本人の帰責性をプラットフォーマーから立証することは現実的には困難なため、上記迷惑行為の場合と同様、利用規約に、登録アカウントが使用された場合は当該アカウント保有者本人の行為とみなす旨の規定を設けることで、リスクを低減することが考えられます。なお、かかる規定を定める際は、民法548条の2第2項、消費者契約法10条に違反しないよう留意する必要があります。

以上のように、迷惑行為にせよ商品購入行為にせよ、第三者によるなりすましが頻発すれば、ライブコマースサービスの信頼が失われてしまうことは明らかです。そのため、いかにこうした事象を事前に防止する仕組みを構築できるかが重要なポイントとなります。例えば本人確認手法として、二段階認証（SMS認証）[3]を採用したり、視聴者や配信者も、パスワードを定期的に変更する等、第三者に窃取されないための行動が必要となりますが、プラットフォーマー側から定期的にパスワード変更を促したり、変更しなければサービスを利用できな

3）二段階認証によっても、なりすまし事案を100%防止できるものではなく、他の施策と併せて実施する必要があります。

い仕組みとする等の工夫が必要です。

(5)　ライブストリーミング配信に関する行為

第6条（コンテンツの投稿、ライブストリーミング配信）

1　登録ユーザーは、本サービスを通じてコンテンツを投稿し、ライブストリーミング配信を行うことができます。
2　他の登録ユーザーにより投稿されたコンテンツやライブストリーミング配信は、本サービスを通じて閲覧、視聴することができます。登録ユーザーは、コンテンツやライブストリーミングについて別途定められた利用条件がある場合、これに従うものとします。
3　一部のコンテンツやライブストリーミング配信には、閲覧、視聴可能期間、地域制限や閲覧、視聴方法が制限されている場合があります。
4　投稿されたコンテンツ、配信されたライブストリーミング配信に関する知的財産権は、当該コンテンツ、ライブストリーミング配信の著作者等権利者に帰属します。
5　登録ユーザーは、他の登録ユーザーにより投稿されたコンテンツを、本サービスが予定している利用態様を超えて複製、送信、転載、改変等することはできません。
6　本規約に違反するコンテンツその他不適切と当社が合理的に判断するコンテンツは、事前の通知なく停止し又は削除する場合があります。

【プラットフォーマーの視点】

ライブコマースサービスのライブ配信機能には、商品に関する質問をはじめとした配信者と視聴者との双方向のコミュニケーションを実現するためのコメント機能を実装することが想定されます。もっとも、場合によっては、不適切な内容や名誉毀損を構成する投稿、脅迫とも見て取れる投稿がなされるおそれがあります。プラットフォーマーとしては、こうしたコメントを放置すれば、サービスの健全性が害され、レピュテーションリスクが顕在化するおそれや、被害を受けた第三者等から損害賠償請求を受けるリスクもあります。具体的には、プラットフォーマーが、視聴者から投稿されたコメントやライブ配信の内容が第三者の権利を侵害している場合、第三者の権利を侵害するものであることを知っていたときや第三者の権利を侵害するものであることを知ることができたと認めるに足りる相当の理由があるときは、損害賠償責任を負うおそれがあります（プロバイダ責任制限法３条１項）。こうした事態を防止、あるいは軽減するため、コンテンツモデレーションとして、違法又は不適切な内容を含むコンテンツを停止、削除したり、表示させないようにする措置等により管理できるようにしておく必要があります。本条６項は、このような管理に関する根拠を明確化するものです。

【視聴者、配信者の視点】

視聴者や配信者からすれば、自ら投稿したコンテンツや配信内容が不適切かどうか、違法となるかどうかは判断がつかず、プラットフォーマーからコンテンツの削除やアカウント停止等の制裁措置を受けて初めて、コンテンツの不適切性や違法性について検討する場合が多いと思われます。この場合、プラットフォーマーに対し、当該制裁措置の根拠を確認すると共に、なぜそのコンテンツが不適切又は違法であるのか説明を求めることが考えられます。

なお、その際に根拠となっている利用規約の条文が不明確なものである等、消費者契約法に違反する内容であった場合、当該制裁措置の無効を主張することが考えられますが、投稿したコンテンツの違法性そのものとは別論点であることに注意が必要です。

(6)　商品をめぐる契約関係

第7条（売買契約）

1　登録ユーザーは、本サービスを通じて、他の登録ユーザーに対し商品を販売することができます。かかる売買契約は、商品を出品する登録ユーザーと、商品を購入する登録ユーザーとの間で締結され、当社は売買契約の当事者となりません。商品を購入しようとする登録ユーザーは、売買契約の条件を確認し、自らの責任と判断で売買契約を締結し、売買代金を支払うものとします。
2　商品を出品する登録ユーザーは、前項の売買代金の支払いが完了した後、遅滞なく商品の発送手続を行うものとします。
3　売買契約によって購入した商品は、商品を購入した登録ユーザー都合による返品はできません。商品が契約に適合しないものである場合の交換、返品、返金等については、商品の受領後14日以内に、商品を出品した登録ユーザーに申し出てもらうものとします。
4　商品を出品した登録ユーザーと商品を購入した登録ユーザーとの間の紛争は、両者間で解決するものとし、当社は一切の責任を負いません。
5　ライブストリーミング配信の配信者と、商品の売主は異なる場合があります。商品の売主に関する情報は、商品詳細画面から確認することができます。

本条は、ライブコマースサービスにおける商品の売買に関する契約構成や権利義務関係について定めるものです[4]。ライブコマースにおいては、基本的には、出品者と視聴者との間で商品の売買契約が締結されることが想定され、プラットフォーマーは売買契約の当事者にならないことが多いと思われます。契約は申込みの意思表示と承諾の意思表示の合致により成立するところ（民法522条）、ライブコマースにおいては、上記当事者が対面して申込みと承諾を行うわけではなく、例えば、以下のようにウェブサイトやアプリ上で売買契約に関する手

4）商品の出品、売買、代金の決済については個別規約として別途制定するパターンもあり得るものの、本規約例ではライブ配信の実施、視聴と併せて一つの利用規約としています。

続が完了することが想定されます。

①視聴者は配信者によるライブ配信を視聴し、商品購入ページを閲覧する
②視聴者は商品と個数を選択し、購入ボタンを押す
③（仕組みによっては）商品代金の決済ページが表示され、視聴者は代金の決済を行う

上記①は視聴者に対する申込みの誘引であり、②で視聴者が購入ボタンを押すことにより売買契約の申込みの意思表示に該当すると考えられます。もっとも、民法上、申込みの意思表示に対して承諾の意思表示が視聴者に到達した時点で契約が成立するため（同法97条1項）、売主の承諾時期、すなわち売買契約の成立時期がどの時点となるかが問題となります。

【プラットフォーマー、出品者の視点】

視聴者からの申込みに対して、自動送信メール等により承諾の意思表示を行う仕組みとした場合、当該自動送信メール等が視聴者のメールサーバーに読み取り可能な状態で記録された時点で、承諾の意思表示が到達したものとして契約が成立すると考えられます。そうすると、実際には視聴者による申込みとほぼ同時点で売買契約が成立するといえ、売主は売買契約に基づく商品の引渡義務を負う以上、仮に在庫がなかったとしても引渡義務を負うこととなり、視聴者に対する債務不履行責任を負うおそれがあります。

これに対しては、売主による承諾の可否を判断する余地を残すため、視聴者の申込みに対して自動送信により承諾の意思表示を行うのではなく、注文内容に関する「確認メール」を送信し、在庫の確保ができた後で承諾通知（売買成立通知）を送信する仕様とすることが考えられます。なお、注文内容確認メールは、あくまで注文内容を確認する

だけの通知であり、申込みに対する承諾ではありません。承諾の意思表示と誤解又は評価されないよう、在庫を確認し別途連絡する旨を明確に記載しておく必要があります。

また、注文内容確認メール送信後、発送連絡をもって売買契約が成立するという構成もあり得ます。この場合、注文承諾メールが視聴者に受信された時点で売買契約を成立させる構成よりも、実際の発送がなされる関係上、売買契約の成立時点は遅くなると考えられ、発送直前まで在庫数を確認する余地が生まれます。この場合も上記と同様、注文内容確認メールには、別途発送連絡を行う旨の記載が必要と考えられます。

プラットフォーマーとしては、売買契約成立時期が早まればそれだけ早期に売上を確定できる一方で、在庫不足に伴う債務不履行リスクを負う可能性が高くなります。他方、売買契約成立時期を遅くすれば上記リスクを軽減できる一方、視聴者により撤回される可能性も高くなります。ただ、この点は撤回権の制限規定があることや、利用規約に基づく返品、解除の可能性もあることから、債務不履行リスクへの対策に重点を置きつつ、利用規約に上記構成を踏まえた規定を定めることが有用と思われます。

売買代金の支払いに関しては、特定商取引法上の前払式通信販売との関係で定め方が問題となり得ます。特定商取引法上、商品の引き渡しやサービスの提供に先行して商品代金やサービス料の全部又は一部を支払わなければならない形態の通信販売（前払式通信販売）に関しては、事業者は、購入の申し込みを受けて商品代金サービス料を受領した後遅滞なく申込の承諾の有無や契約内容に関する所定の事項を購入者に通知する必要があり（特定商取引法13条1項）、この通知は、購入者が電子データの送信によることを承諾しない限り書面で行う必要があります（同条2項）。この電子データの送信によることの承諾は、購入者が自発的に承諾していることが客観的にわかるようなものでなければならないと考えられています。ただし、通信販売であったとしても商品代金サービス料を受領した後遅滞なく商品を送付したりサービスを提供したりする場合はこのような規制の対象にはなりません（同条1項ただし書き）。プラットフォーマーとしては出品者に書面による事務処理をさせることは避けたいと考えるものと思われますので、その場合、利用規約上、前払式通信販売に該当しないよう定めておく必要があります。利用規約例では、決済手続きの完了後に遅滞なく商品を発送する手続きを行う旨を規定することで前払式通信販売には該当しないものとしています。

【視聴者の視点】

前述のとおり、自動送信メールによって申込みに対する承諾がなされる場合、申込みボタンを押すとほぼ同時に売買契約が成立するケースが多く、翻って商品が不要となった場合には、利用規約に基づく解除や返品特約による返品が必要となります。他方、売主から注文確認メールが送信され、その後注文承諾メールが送信される仕様の場合、視聴者としては、注文確認メール受信後注文承諾メールの間に申込みを撤回する余地があります（なお、撤回権については民法525条1項)。また、発送連絡をもって売買契約の成立とする構成では、発送連絡までのより長い期間申込みを撤回する余地があります。

第8条（料金及び支払方法）

1　登録ユーザーは、本サービス利用の対価として、別途当社が定める利用料金を、当社が指定する支払方法により当社に支払うものとします。 2　前項の利用料金の支払を遅滞した場合、登録ユーザーは、年14.6%の割合による遅延損害金を当社に支払うものとします。

【プラットフォーマーの視点】

本条は、ライブコマースサービス上で発生する料金をめぐる権利義務関係について一般的に定めるものです。ライブコマースサービス上でユーザーがプラットフォーマーに対し支払う対価としては、視聴者が購入したデジタルコンテンツの代金の支払い、出品者によるプラットフォーム利用手数料の支払いが考えられます。なお、視聴者が購入した商品の代金については利用規約例7条において規律されます(50頁参照)。

プラットフォーム利用手数料は、プラットフォーマーが、出品者が出品した商品の販売代金から手数料を控除した金額を出品者に支払うという形で回収する場合が多いと思われます。

いずれも利用規約において個別具体的に定められる内容ではなく、個々の商品の代金やプラットフォーム利用手数料は、別途個別規約を制定するか、個別のページに記載し、都度ユーザーから同意を取得する必要があります。

(7)　サービスの利用に関する規律

第9条（禁止事項）

登録ユーザーは、本サービスの利用にあたり、以下の各号のいずれかに該当する行為をしてはなりません。

⑴　登録ユーザー資格の売買、譲渡
⑵　本規約又は法令に違反する行為、公序良俗に違反する行為及びこれらの行為を幇助、強制、助長する行為
⑶　当社、他の登録ユーザー及びその他第三者の権利を侵害し又は侵害するおそれのある行為
⑷　当社、他の登録ユーザー及びその他第三者を誹謗中傷し又は名誉若しくは信用を毀損する行為
⑸　援助交際、売春、買春等の勧誘又はこれらを助長する行為
⑹　児童ポルノの頒布又は児童虐待を誘引するおそれのある行為
⑺　民族、宗教、人種、性別又は年齢等に関する差別的表現行為

(8)　自殺、集団自殺、自傷、違法薬物使用又は脱法薬物使用等を勧誘、助長する行為
(9)　反社会的勢力に利益を提供し又は便宜を供与する行為
(10)　他の登録ユーザーに対する宗教や政治活動への勧誘目的で本サービスを利用する行為
(11)　虚偽の情報を他の登録ユーザーに流布する行為
(12)　他の登録ユーザーの本サービスの利用を妨害する行為
(13)　他の登録ユーザー又は第三者になりすまして本サービスを利用する行為
(14)　本サービスの運営を妨害する行為
(15)　当社のサーバーに過度の負担を及ぼす行為
(16)　本サービスに接続されているシステム又はネットワークへの不正アクセス行為
(17)　コンピューターウイルス等有害なプログラムを使用又は提供する行為
(18)　本サービスで使用されているソフトウエアのリバースエンジニアリング、逆コンパイル、逆アセンブル行為
(19)　その他本条各号に準ずる行為で、当社が客観的合理的に不適切と判断した行為

【プラットフォーマーの視点】

ライブ配信サービスにおいては、リアルタイムゆえにライブ配信内容がプラットフォーマーから予測しにくく、ライブ配信中に視聴者から投稿されるコメントや商品レビューページ中のコメント等に、公序良俗に反したり、中には明確に違法といえるものが投稿されることがあります。プラットフォーマーがこれらのライブ配信や投稿を放置した場合、内容によってはレピュテーションリスクを顕在化させ、最悪の場合はサービス停止にまで追い込まれかねません。また、配信者や視聴者保護のためにも、健全なサービス環境を構築していくことはプラットフォーマーの責務であるともいえます。そのため、サービスの秩序を担保するとともに、万が一違反がみられた場合の制裁措置の根拠を明確にするため、禁止事項を列挙しているのが本条です。

本条で定める禁止事項は、プラットフォーマーがユーザーに対し制

裁措置を講じる根拠規定として機能すると共に、ユーザーによる本条違反を債務不履行と構成し、プラットフォーマーがユーザーとの契約関係を解除する根拠としても機能します。そのため、プラットフォーマーからすれば、幅広く禁止事項を定めておき、不測の事態に備え広く禁止事項該当性を主張できるようにしておきたいところです。しかし、あまりに広範な内容とすると民法548条の2や消費者契約法10条により、当該条項が無効と評価されるおそれがあります。そこで、可能な限り禁止事項は具体的に定めたり、利用規約とは別に差し控えるべき行為を解説するガイドラインを制定することも考えられます。

第10条（本サービスの停止等）

> 当社は、以下のいずれかに該当する場合、登録ユーザーに対し、事前に通知することなく、本サービスの全部又は一部の提供を停止又は中断することができるものとします。なお、本条に基づき当社が行った措置により登録ユーザーが被った損害については、当社は責任を負わないものとします。
> ⑴　本サービスのシステム点検又は保守作業を実施する場合
> ⑵　コンピューター、通信回線等の障害、過度なアクセスの集中、不正アクセス、ハッキング等により本サービスの運営ができなくなった場合
> ⑶　地震、落雷、火災、風水害、停電、天災地変等の不可抗力により、本サービスの運営ができなくなった場合
> ⑷　その他、当社が停止又は中断を必要と合理的に判断した場合

ライブコマースに限らず、インターネットにより提供されるサービスは、サーバーその他のシステム、通信設備に依存しており、これらの状況によりサービスが一時的に利用できなくなることがあります。

プラットフォーマーがライブコマースサービスを提供できない場合、プラットフォーマーはユーザーに対する債務不履行責任を負う可能性がありますが、上記事象に限りプラットフォーマーを免責することとし、不測の事態に備えるものです。

第11条（権利帰属）

1　本サービスに関する知的財産権は全て当社又は当社に対し利用許諾している第三者に帰属しています。当社は、登録ユーザーに対し、本サービスの利用に必要な範囲で、本サービスに関する知的財産権の利用を非独占的に許諾するものとします。 2　本サービスに投稿したコンテンツ及び本サービス上で配信するライブ配信内容に関する知的財産権は全て当該コンテンツ等を創作等した登録ユーザーに帰属するものとし、登録ユーザーは、当該コンテンツ等に関する権利行使を自ら行うために必要な権利を適法に有していること及び投稿コンテンツやライブ配信内容が第三者の権利を侵害していないことについて表明し、保証するものとします。 3　登録ユーザーは、当社が投稿コンテンツやライブ配信内容を本サービスの宣伝活動や事例紹介等の目的で使用することについて、あらかじめ許諾するものとします。 4　登録ユーザーは、当社に対し、投稿コンテンツ及びライブ配信内容に関する著作者人格権を行使しないことに同意するものとします。

ライブコマースサービス上では、様々な内容のライブ配信がなされたり、個性的な商品紹介ページが制作され、視聴者間のコミュニケーションがなされることが想定されます。こうしたコンテンツには著作権が発生するものもあり、本条2項は、当該著作権をはじめとする知的財産権はユーザーに帰属することを定めています。この点、サービス上で生み出されたコンテンツである以上、プラットフォーマーに権利帰属させる考え方もあり得ますが、プラットフォーマーはあくまで「場」を提供している者にすぎないこと、プラットフォーマーの知的財産権管理が煩雑化しかねないこと、仮にプラットフォーマーが当該コンテンツを利用しようとする場合、利用規約において、ユーザーが利用許諾することを定めておけば足りること、権利をユーザーに帰属させ、サービス上で多種多様なコンテンツが生成された方が文化の発展に寄与し得ることから、プラットフォーマーに権利帰属させることにはさほどメリットがないように思えます。

第12条（登録抹消等）

1　当社は、登録ユーザーが以下の各号のいずれかの事由に該当する場合、事前に通知することなく、投稿データを削除又は非表示にし、当該登録ユーザーによる本サービスの利用を一時的に停止し、又は登録ユーザーとしての登録を抹消することができます。
⑴　本規約のいずれかの条項に違反した場合
⑵　登録情報に虚偽の事実があることが判明した場合
⑶　支払停止もしくは支払不能となり、又は破産手続開始、民事再生手続開始、会社更生手続開始、特別清算手続開始若しくはこれらに類する手続の開始の申立てがあった場合
⑷　当社からの問合せその他の回答を求める連絡に対して30日間以上応答がない場合
⑸　第9条各号に該当する場合
⑹　その他、当社が本サービスの利用又は登録ユーザーとしての登録の継続を適当でないと合理的理由に基づき判断した場合
2　前項各号のいずれかの事由に該当した場合、登録ユーザーは、当社に対して負っている一切の債務について期限の利益を失うものとします。

【プラットフォーマーの視点】

商品を購入したにもかかわらず代金を支払わない視聴者や、プラットフォーマー上で迷惑行為、違法行為を繰り返す視聴者は、債務不履行又は不法行為を構成するのみならず、サービスの健全性を維持する観点からも望ましくなく、プラットフォーマーとしては、そのような視聴者との契約関係を解消したいところです。前述のとおり、サービスの申込みにあたってはプラットフォーマーが承諾するかどうかの判断において、承諾拒絶事由に該当すれば、そのような申込者と契約関係に入らずにすみましたが、一旦サービスの利用を開始したものの、事後的に望ましくない行為がみられる場合に対応するため、契約関係を解消する根拠を設けておく必要があります。ただし、本条に定めるような制裁措置は、視聴者に生じる不利益が重大なものとなりかねないため、消費者契約法上無効とならないよう特に留意する必要があり

ます。

【視聴者の視点】

コメント等が炎上した場合のように、明確な違法行為でなくとも望ましくない結果が生じ、それを根拠として退会措置を受けるような場合、視聴者からすれば、使用し続けたアカウントが使えなくなったり、保存した情報やポイントが失われる等の不利益を被ります。制裁措置の根拠が不明確であれば、どの条項に該当するか、手続が適正だったかを確認することが必要です。

第13条（解約）

> 1　登録ユーザーは、当社所定の手続により本サービスを解約することができます。
> 2　前項の解約にあたり、登録ユーザーが当社に対して負っている債務がある場合、登録ユーザーは、当該債務の一切について当然に期限の利益を失い、直ちに当社に対して全ての債務を支払うものとします。
> 3　第1項の解約時、登録ユーザーが既に当社に対して支払った利用料金がある場合でも、当社は、当該料金を登録ユーザーに対し返金する義務を負わないものとします。

本条は、ユーザーが自らサービス利用を解約する場合の手続について定めるものです。一般的には、ユーザー管理画面等から「退会」する等の手続により解約できる仕様としておくことが大半と思われ、仕様変更に柔軟に対応するため、利用規約においては「当社所定の手続」とのみ定め、手続の詳細については明記していません。

解約時にユーザーがプラットフォーマーに対して負っている債務（出品者の出品費用支払債務等）は、解約により期限の利益が失われ、ユーザーが支払った料金（視聴者のデジタルコンテンツ売買代金の支払い等）がある場合でも、プラットフォーマーは返金する義務を負わないことを明記し、解約に伴いユーザーに生じ得る不利益を示し、ユーザーの予測可能性を確保することで、プラットフォーマーとユーザーとの解約をめぐるトラブルを防止する必要があります。

第14条（本サービスの内容の変更、終了）

> 1　当社は、当社の都合により本サービスの内容を変更し、又は本サービスの提供を終了することができます。
> 2　当社が本サービスの提供を終了する場合、当社は、登録ユーザーに対し、事前に通知するものとします。
> 3　本条に基づき当社が行った措置により登録ユーザーが被った損害については、当社は責任を負わないものとします。

技術的問題、採算上の問題、プラットフォーマーの清算等の事業者側の事情により、サービス内容を変更したり、サービス提供そのものを終了せざるを得ない場合、ユーザーとの関係ではユーザーに対する債務不履行を構成します。他方、これらの事情についてはやむを得ない側面もあり、プラットフォーマーとしては、利用規約でサービス内容の変更やサービス提供の終了について定めておき、上記事象が発生した場合であってもプラットフォーマーに債務不履行責任が生じないようにしておく必要があります。

他方、サービスの終了タイミングやユーザーのサービス利用状況によっては、ユーザーのアカウントに蓄積されたコンテンツやポイントが失われるという不利益が発生する場合があります。利用規約上、これらに関する免責条項を定めたとしても、定型約款に関する規律や消費者契約法上無効であると判断される可能性は否定できません。そのため、サービスを終了させる場合であっても、十分な周知期間を設け、サービス終了前にポイント利用を促したり、ユーザーが投稿、配信したコンテンツを自身のデバイスに保存するよう促す等の運用により、可能な限りユーザーに生じる不利益を最小限とするよう留意する必要があります。

第15条（免責等）

1　当社は、本サービスに起因して登録ユーザーに生じた損害について、当該損害が当社の故意又は過失による場合を除き責任を負いません。ただし、当社に過失（重過失を除く）がある場合、当社は登録ユーザーに現実に生じた通常かつ直接の範囲の損害に限り責任を負い、当社が賠償する損害額は○万円又は登録ユーザーが過去12ヶ月間に当社に対し支払った対価の金額のいずれか低い方を上限とするものとします。
2　本サービスに関し、登録ユーザーと他の登録ユーザーとの間において生じた紛争等は、当該登録ユーザーが自らの責任において解決するものとし、当社は責任を負わないものとします。
3　登録ユーザーの利用規約違反行為又は違法行為により、当社が損害を被った場合、当該登録ユーザーは、当該損害（訴訟費用、弁護士費用を含む）を賠償するものとします。

【プラットフォーマーの視点】

インターネットを利用したサービスにおいては、サーバー等システムや通信環境等により様々な不具合が発生する可能性があります。プラットフォーマーとしては、これらにより視聴者に発生した損害を全て賠償しなければならないとすると、サービスの運営が成り立たなくなる可能性があり、損害賠償の範囲を限定したり、免責を定める必要があります。ただし、定型約款に関する規律や消費者契約法上無効とならないよう注意が必要です。

なお、2022年5月に成立した改正消費者契約法（2023年6月1日施行）では、賠償請求を困難にする不明確な一部免責条項（軽過失による行為にのみ適用されることを明らかにしていないもの）いわゆるサルベージ条項は無効となります。例えば、「法令に反しない限り、1万円を上限として賠償します。」という内容の定め方では無効となるため、利用規約上、プラットフォーマーが免責される場合を明確化する必要があります。

【視聴者の視点】

視聴者としては、本条1項のような免責条項により損害賠償等の救済が受けられなくなる可能性があります。そのため、視聴者がプラットフォーマーの行為によって損害を被った場合、当該条項は消費者契約法8条1項により無効と主張することが考えられます。

(8)　一般的な条項

第16条（本規約の変更）

1　当社は、当社が合理的に必要と認めた場合、本規約を変更できるものとします。
2　当社は、本規約を変更する場合、変更後の本規約の施行時期及び内容を当社ウェブサイト上で掲示その他適切な方法により周知し、又は登録ユーザーに通知します。ただし、法令上、登録ユーザーの同意が必要となる内容の変更の場合、当社所定の方法で登録ユーザーの同意を得るものとします。

不特定多数の者との関係を規律するための利用規約を定めている事業者が利用規約を変更する場合、当該利用規約が定型約款に該当するときは、民法548条の4の要件を満たすことが必要です。定型約款に関しては、絶対的要件と手続的要件が設けられており、定型約款の変更が顧客一般の利益にならない場合、絶対的要件として以下の二つの要件を満たす必要があります。

①定型約款の変更が契約をした目的に反しないこと
②定型約款の変更にかかる事情に照らして合理的なものであること

なお、利用規約そのものに定型約款変更時の手続等を記載する必要は必ずしもありませんが、合理性の判断において考慮要素となるため、利用規約に変更手続について定めておくことが望ましいと思われます。

利用規約の変更の際、その都度変更後の規約についてユーザーから同意を取っている場合、変更後の規約内容について新たに合意が成立していることから、定型約款の変更とは場面が異なります。ただし、同意の取得方法は別途検討が必要です。

次に手続的要件として、定型約款準備者は、定型約款変更の効力発生時期を定め、かつ定型約款を変更する旨及び変更後の定型約款の内容並びにその効力発生時期を適切な方法により周知することが必要です（同条の4第2項）。

具体的な周知方法としては、サービス上のメッセージ機能を用いて通知を行う、ポップアップを表示させる、登録されているメールアドレス宛にメールを送信するといった方法が考えられます。

【プラットフォーマーの視点】

ライブコマースとの関係では、少なくとも視聴者とプラットフォーマーとの間の利用規約は定型約款該当性が問題となると考えられます。視聴者が商品購入の都度商品の販売に関して定める規約に同意していれば、個々の売買契約との関係において個別の同意があることから、定型約款の変更には該当しませんが、当初同意した利用規約に基づき、継続的に視聴者がサービスを利用している場合、当該利用規約を変更するには、定型約款の変更として同条の4第4項の要件を満たす必要があります。

第17条（連絡及び通知）

1　本サービスに関する問合せその他登録ユーザーから当社に対する連絡又は通知その他当社から登録ユーザーに対する連絡又は通知は、当社の定める方法で行うものとします。
2　当社が登録情報に含まれるメールアドレスその他の連絡先に連絡又は通知を行った場合、登録ユーザーは当該連絡又は通知を受領したものとみなします。

第18条（サービス利用契約上の地位の譲渡等）

> 1　登録ユーザーは、当社の事前の承諾なく、本規約に基づく権利義務を第三者に譲渡、移転、担保設定、その他の処分をすることはできません。
> 2　当社は、本サービスに係る事業を第三者に譲渡した場合、当該事業譲渡に伴いサービス利用契約上の地位、本規約に基づく権利義務並びに登録ユーザーの登録情報その他の情報を、当該事業譲渡の譲受人に譲渡できるものとし、登録ユーザーは、かかる譲渡につき予め同意するものとします。

第20条（準拠法及び管轄裁判所）

> 1　本規約の準拠法は日本法とします。
> 2　本規約に関する一切の紛争は、東京地方裁判所を第一審の専属的合意管轄裁判所とします。

【プラットフォーマーの視点】

ライブコマースでは、日本国外の視聴者が商品を購入したり、日本国外からのライブ配信がなされることも考えられます。この場合、視聴者や配信者とプラットフォーマーとの間で発生したトラブルについて、いずれの国の法律を適用すべきかが問題となることがあります。

当事者間の準拠法について定める法の適用に関する通則法7条によれば、「法律行為の成立及び効力は、当事者が当該法律行為の当時に選択した地の法による」と定められており、ライブコマースにおける視聴者、配信者とプラットフォーマーとの関係においても、両者が選択した地の法律が適用されます。本条1項は、利用規約をめぐる準拠法は日本法と選択することで、同条における準拠法の選択を目的とするものです。

もっとも、強行規定については注意が必要です。視聴者が消費者（個人（事業として又は事業のために契約の当事者となる場合におけるものを除く））に該当する場合、法の適用に関する通則法11条が適用され、消費者契約の特例として、上記で選択した法律が視聴者の常居所地法以外の法である場合であっても、消費者がその常居所地法中の特定の強行規定を適用すべき旨の意思をプラットフォーマーに対し表示したときは、当該消費者契約の成立及び効力に関しその強行規定の定める事項については、その強行規定が適用されます（同条１項)。サービス対象国を海外にまで拡大する際は、場合によっては日本法以外の法律が適用される可能性を念頭に置きながら検討を進める必要があります。

また、準拠法が日本法であったとしても、いずれの裁判所が管轄するかは別の問題であり、管轄裁判所については、消費者契約における一部の場合を除き当事者間の合意によって決定することができるとされています（民事訴訟法３条の７第１項、５項)。ライブコマースにおける視聴者や配信者は全国各地、海外にも存在するため、視聴者や配信者及びプラットフォーマー間で、日本国内の特定の裁判所を管轄裁判所と定めることが利用規約例20条２項の目的です。

【視聴者の視点】

上記規約例では東京地方裁判所が管轄裁判所として指定されていますが、他県在住の視聴者がプラットフォーマーを相手方として訴訟提起する場合、視聴者としては、居住地の裁判所に訴訟提起したいところです。民事訴訟法上、第一審の管轄裁判所は合意によって定めることができ（民事訴訟法11条)、専属的合意管轄裁判所として合意した場合には、合意に係る特定の裁判所にのみ管轄が認められます。

専属的合意管轄裁判所を定めない場合、視聴者としては、「義務履行地」に管轄が認められる財産権の訴え（同法５条１号）として、視聴者の住所を管轄する裁判所に訴訟提起することが考えられます。しかし、専属的合意管轄裁判所の定めにより、規約例では東京地方裁判所が管轄裁判所とされているため、他県在住の視聴者であったとしても、東京地方裁判所に訴訟提起するのが原則です。他方、裁判所は、訴訟の著しい遅滞を避け、又は当事者間の衡平を図るため必要があると認めるときは、他の管轄裁判所に移送することができ（同法17条）、専属的合意管轄がある場合にもこれを行うことができる（同法20条1項）とされています。そこで、視聴者としては、専属的合意管轄裁判所以外の管轄裁判所であっても、同法17条及び20条1項の法意に照らして、訴訟の著しい遅滞を避け又は当事者間の衡平を図るために必要があると主張して、訴訟提起を行った裁判所で審理するよう上申することが考えられます。

③ 消費者契約法に基づく条項の無効

【プラットフォーマーの視点】

プラットフォーマーが利用規約を定めるにあたっては、定型約款をめぐるルールの他、視聴者との関係で消費者契約法に基づき無効とならないよう条文を設計する必要があります。消費者契約法は、消費者にとって不当な契約条項により権利を制限される場合を類型化し、消費者の正当な利益を保護するため当該条項の効力の全部又は一部を無効としています。例えば、ライブコマースに限らず、多くのWEBサービスやアプリサービスでは、ユーザーに損害が発生した場合であっても、一定の場合を除き免責する旨定められていたり、損害賠償額に上限が設けられている例が見受けられます。プラットフォーマーからすると、ユーザーからの損害賠償請求を全て受けざるを得ないとなると、あらゆる不手際やトラブルに対しリスクを抱えたままサービス運営せざるを得なくなり、サービス運営コストが過大となってしまいます。他方、ユーザーの損害賠償請求を封じる、あるいは制限する場合、ユーザーに不当な負担を強いることにもなりかねません。プラットフォーマーとしては、消費者契約法の内容を踏まえ、上記のバランスをとっていくことになります。

〈消費者契約法上無効となる条項の例〉

以下の内容を利用規約に定めてしまうと、消費者契約法上無効となるため注意が必要です。

「いかなる理由があっても一切損害賠償責任を負わない」 「事業者に責に帰すべき事由があっても一切責任を負わない」 「事業者に故意又は重過失があっても一切責任を負わない」

また、「一切責任を負わない」とする内容のみならず、以下のように、損害賠償責任を一部免除する条項も無効となり得ます。

「事業者の損害賠償責任は○円を限度とする」

他方、上記のように損害賠償責任を制限する条項であっても、以下のように事業者に故意又は重大な過失がある場合を除外している場合、消費者契約法8条1項2号や4号に該当せず無効とはなりません。

「事業者に故意又は重大な過失がある場合を除き、損害賠償責任は※円を限度とする」

なお、2022年5月に成立した改正消費者契約法（2023年6月1日施行）では、軽過失による行為にのみ適用されることを明らかにしていない条項は無効となります。

第4　協賛契約

1　協賛契約のメリットと注意点

【プラットフォーマー、事業者の視点】

プラットフォーマー、事業者は、ライブコマースサービスを盛り上げるためにイベントを実施することがあります。例えば、有名ブランド店とコラボしてブランド品や限定品を販売する等の施策は、イベントの実施により視聴数を上げ、出品者にとってより商品が売れやすい環境としたり、配信者はより多くの収益分配を受けることができるというメリットがあります。他方、イベントの実施のためには宣伝広告やランディングページの制作、有名配信者のアサイン等、時間と労力、コストがかかります。そこで、プラットフォーマー、事業者としてはスポンサーを募り、資金やリソースを調達することが考えられます。スポンサーを獲得することで各スポンサーが有する資産、ノウハウや集客力を活用できることから、内容によっては投下する費用以上のメリットが得られる可能性があります。他方、協賛契約の内容は不明確となりやすく、案件によっては契約書すら作成されないまま実施されることも想定されることから、協賛契約の内容として、誰がどのような義務を負い何の対価として協賛金が発生するのか、発生した知的財産の取扱いをどうするか等を定めた契約書を作成の上、締結しておくことが重要です。

協賛契約の内容については、上記のとおり、イベント主催者とスポンサーが当事者となることが想定されます。ライブコマースではプラットフォーマー、事業者がイベント主催者となり、スポンサーに対し、サービス上の広告枠の確保、スポンサーがアサインする配信者の配信枠の確保といった協賛メリットを提供し、これに対しスポンサーは協賛金を支払うという構成が典型例です。このような内容の協賛契約においては、イベント主催者はあくまで配信枠や出演枠の確保が義務内容となり（それらの前提として、イベントの実施を含む）、契約内容にもよりますが、プラットフォーマー、事業者であり「場」を提供する立場である以上、広告物本体の制作までは義務内容とされないことが多いと考えられます。他方、協賛契約における主催者の義務内容が不明確であれば、スポンサーは何を対価として協賛金を支払っているか（対価関係）が不明確となり、会計上、監査上問題ともなりかねません。

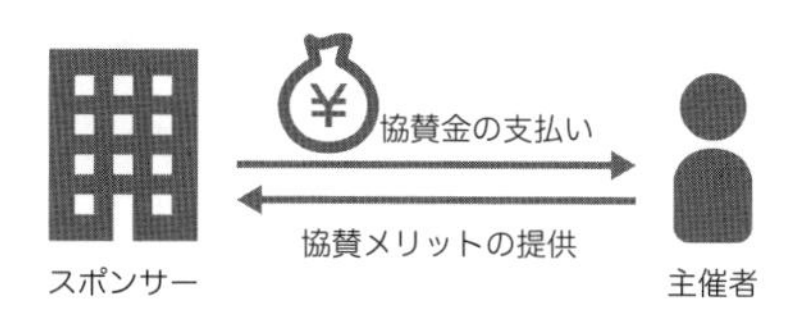

② 協賛契約書の参考例

以下は、協賛契約書の参考例です。あくまで参考であり、実施するプロジェクトや協賛メリット、当事者間の交渉内容により修正すべき点があることにご注意ください。

【株式会社＊】（以下、「甲」という。）と【株式会社＊】（以下、「乙」という。）は、【＊イベント】の実施にあたり、以下のとおり協賛契約を締結する。

第１条（目的）
　本契約は、乙が実施する以下のイベント（以下、「本イベント」という。）における甲の支援及び乙が甲に対し提供する協賛メリットに関する甲乙間の権利義務関係を定めることを目的とする。
　イベント名称：【＊】
　実施日：【※年※月※日から※年※月※日まで】
　出演者：【＊】

第2条（協賛内容）
　乙は、甲に対し、本イベントに関し以下の協賛メリットを提供する。
⑴　本イベントにおける甲の広告枠の提供
⑵　本イベントにおける甲に所属するタレントのライブ配信枠の提供
⑶　本イベントに関するウェブサイト上に、協賛企業として甲の企業名、企業ロゴ、甲のウェブサイトURLを掲載する

第3条（協賛金）
　甲は、乙に対し、本イベントの協賛金として【※円（税別）】を、【※年※月※日】限り、乙が指定する金融機関口座に振り込む方法で支払う。振込手数料は甲の負担とする。

第4条（費用）
　本契約において別段の定めがある場合を除き、前条に定める協賛金は、本契約に関して甲が負担する全ての義務の履行に係る対価及び費用の一切を含む。

第5条（権利の帰属）
1　甲及び乙が本契約締結以前より保有していた特許権、実用新案権、意匠権、著作権（著作権法27条及び28条に定める権利を含む。）等その他一切の知的財産権（以下、「知的財産権」といい、以下同様とする。）は、本契約の締結後も甲及び乙各々権利者に帰属し、本契約の締結は甲乙それぞれ保有するいかなる知的財産権の譲渡等を生じさせるものではない。
2　本イベントに関し制作された成果物に関する知的財産権は、権利の発生と同時に乙に帰属する。

第6条（秘密保持）
1　甲及び乙は、本契約の遂行により知り得た相手方の技術上又は営業上その他業務上の一切の情報を、相手方の事前の書面による承諾を得ないで第三者に開示又は漏洩してはならず、本契約の遂行のためにのみ使用するものとし、他の目的に使用してはならない。ただし、情報を受領した者は、自己の役職員若しくは弁護士、会計士又は税理士等法律に基づき守秘義務

を負う者に対して秘密情報を開示することが必要であると合理的に判断される場合には、同様の義務を負わせることを条件に、情報を受領した者の責任において必要最小限の範囲に限って秘密情報をそれらの者に対し開示することができる。
2　前項の規定は、次のいずれかに該当する情報については、適用しない。
⑴　開示を受けた際、既に自己が保有していた情報
⑵　開示を受けた際、既に公知となっている情報
⑶　開示を受けた後、自己の責めによらずに公知となった情報
⑷　正当な権限を有する第三者から適法に取得した情報
⑸　相手方から開示された情報によることなく独自に開発・取得していた情報

第7条（反社会的勢力の排除）
1　甲及び乙は、相手方に対し、次の各号の事項を確約する。
⑴　自らが、暴力団、暴力団関係企業、総会屋若しくはこれらに準ずる者又はその構成員（以下総称して「反社会的勢力」という。）ではないこと
⑵　自らの役員（取締役、執行役、執行役員、監査役又はこれらに準ずる者をいう）が反社会的勢力ではないこと
⑶　反社会的勢力に自己の名義を利用させ、この契約を締結するものでないこと
⑷　自ら又は第三者を利用して、この契約に関して次の行為をしないこと
ア　相手方に対する脅迫的な言動又は暴力を用いる行為
イ　偽計又は威力を用いて相手方の業務を妨害し、又は信用を毀損する行為
2　甲及び乙は、相手方が次のいずれかに該当した場合には、相手方に対し何らの催告を要せずして、この契約を解除することができる。
⑴　前項（1）又は（2）の確約に反する表明をしたことが判明した場合
⑵　前項（3）の確約に反し契約を締結したことが判明した場合
⑶　前項（4）の確約に反した行為をした場合
3　前項の規定によりこの契約が解除された場合には、解除の相手方は、解除者に対して、解除者の被った損害を賠償する。
4　第2項の規定によりこの契約が解除された場合には、相手方は、解除により生じる損害について、解除者に対し一切の請求を行わない。

第8条（契約解除）
1　甲及び乙は、相手方が次の各号のいずれか一つに該当したときは、何らの通知催告を要せず、直ちに本契約の全部又は一部を解除することができ

る。
⑴　本契約に定める条項に違反し、相手方に対し催告したにもかかわらず当該違反が是正されないとき
⑵　監督官庁より営業の許可取消し、停止等の処分を受けたとき
⑶　支払停止若しくは支払不能の状態に陥ったとき、又は手形若しくは小切手が不渡りとなったとき
⑷　第三者より差押え、仮差押え、仮処分若しくは競売の申立て、又は公租公課の滞納処分を受けたとき
⑸　破産手続開始、民事再生手続開始、会社更生手続開始、特別清算手続開始の申立てを受け、又は自ら申立てを行ったとき
⑹　解散、会社分割、事業譲渡又は合併の決議をしたとき
⑺　資産又は信用状態に重大な変化が生じ、本契約に基づく債務の履行が困難になるおそれがあると認められるとき
⑻　その他、前各号に準ずる事由が生じたとき
2　前項の解除は、解除者による相手方に対する損害賠償請求を妨げるものではない。

第9条（損害賠償）
甲及び乙は、本契約に違反して相手方に損害を与えた場合、相手方に対し当該損害（弁護士費用及び訴訟費用を含む。）を賠償しなければならない。

第10条（不可抗力）
天災地変、経済的激変その他の不可抗力事由により本契約の履行が不可能となったときは、甲及び乙は協議の上、本契約内容を変更又は本契約を解除することができる。

第11条（譲渡等の禁止）
甲及び乙は、本契約において保有する権利及び義務の全部又は一部を、相手方の書面による承諾を得ない限り、第三者に質入れ、譲渡若しくは担保の目的に供してはならない。

第12条（契約期間）
本契約の有効期限は、【※年※月※日から※年※月※日まで】とする。

第13条（存続条項）
本契約が終了した場合であっても、第5条乃至第8条2項、第9条、第11条、本条、第14条の各規定は、なおその効力を有する。

第14条（裁判管轄）
　本契約に関連して発生した一切の紛争は、東京地方裁判所を第一審の専属的合意管轄裁判所とする。

第15条（誠実協議）
　本契約に定めのない事項又は本契約の解釈について疑義が生じた事項については、甲乙間で誠実に協議し、信義誠実の原則に従って解決する。

　協賛契約には、主に①イベントの詳細、②協賛メリットの内容、③協賛金、④イベントにおいて発生した知的財産権の取扱いを定めることが考えられます。前述のように、②と③の対価関係が取れているかは会計上、監査上も重要ですし、④については、例えば、イベント主催者が著作権を有するコンテンツ（ライブ配信等）に協賛者が著作権を有するキャラクターが「出演」[5)]した場合に、当該コンテンツの著作権をどのように整理するか、歌唱やダンスをコンテンツ内容として企画した場合の権利処理方法等の定めが必要となる場合があります。もっとも、協賛者がコンテンツ制作に関与せず、単に協賛するのみで共同で成果物を制作することが想定されないような場合、本協賛契約書例5条のように定めることも選択肢の一つとして考えられます。

5）いわゆるVTuberがVR空間上でライブをしたり、所属事務所が異なるVTuberがコラボしたりした場合に発生するコンテンツの著作権の取扱いが挙げられます。

第5 知的財産権

1 第三者の権利侵害の可能性

【配信者の視点、プラットフォーマーの視点】

ライブコマースでは、配信者による配信コンテンツが商品の販売数を左右するため、いかにユーザーに商品の魅力を伝え、購買意欲を掻き立てることができるかがポイントとなります。配信者としては、音楽や画像等を利用し、より面白く、よりわかりやすいコンテンツを制作したいというニーズがある一方、第三者の権利を侵害する内容を配信してしまうと、当該第三者から損害賠償請求等を受ける可能性があり、プラットフォーマーとしても、こうした権利侵害が発生しないよう管理する必要があります。特に、音楽、画像等第三者が制作したコンテンツを取り入れる場合、利用許諾を得る等の適切な権利処理がなされているかが重要となります。

ところで、プラットフォーマーはあくまでライブ配信サービスを通じてライブ配信のための「場」を提供しているのみで、コンテンツそのものを提供する立場にありません。あくまでライブ配信を行っているのは配信者であり、配信者のライブ配信中に第三者の知的財産権を侵害するような内容が認められたとしても、プラットフォーマーが責任を負うものではないように思えます。しかし、プラットフォーマーが当該コンテンツについて管理支配権を及ぼすことができ、コンテンツによる利益がプラットフォーマーに帰属している場合、配信者による権利侵害の主体として評価される可能性があります。プラットフォーマーは、配信者の配信コンテンツを必要に応じて停止、削除できる立場にあることから、コンテンツの内容、配信の可否について管理支配しており、また、配信者のライブ配信により出品者による商品の販売が促進され、それに応じて出品者から手数料等を得られる立場にあることから、配信者による第三者の知的財産権侵害の主体と評価される可能性があります（いわゆるカラオケ法理、170頁参照）。なお、カラオケ法理については、後の判例において、複製の対象、方法、複製への関与の内容、程度等を考慮し、複製における枢要な行為をなした者が誰かという総合的な枠組みが採用されるようになってきており（最判平成23年1月20日民集65巻1号399頁等）、プラットフォーマーが責任を負うかについても、より総合的な判断が求められます。

② 第三者の権利侵害の防止

【プラットフォーマーの視点】

プラットフォーマーとしては、第三者の権利を侵害するコンテンツ等が放置されることのないよう、配信内容をモニタリングしたり、視聴者からの通報制度を設けて権利侵害の事象を検知できるようにする等の対策を講じることが通常です。しかし、多数の配信者がサービスを利用する以上、現実的には全てのコンテンツの内容や権利処理がなされているかを確認することは不可能です。特に、音楽著作権については検知しきれず、かつ権利侵害の証拠を保全しきれないこともありえ、権利侵害の類型として、特に発生しやすいのは音楽の著作権侵害と考えられます。そこで、プラットフォーマーとしては、音楽著作権侵害の防止のため、音楽著作権管理団体との間で、音楽著作権に関する包括許諾契約を締結しておくことが解決策の一つとなります。

プラットフォーマーがJASRAC等の音楽著作権管理団体と包括許諾契約を締結し音楽著作権の権利処理をすることで、配信者は、当該サービス内で音楽を含むコンテンツを配信することができます。プラットフォーマーが音楽著作権管理団体と包括許諾契約を締結する場合、音楽著作権管理団体に連絡し、当該団体の規定に従い、許諾料を支払う必要があります。なお、音楽著作権管理団体への許諾料の支払いの際には、当該期間中に使用した楽曲を報告する必要があることから、ライブコマースの仕組み上、使用楽曲をリスト化できるように構築しておくことが望ましいと思われます。

【配信者の視点】

配信者としては、音楽を用いたライブ配信を実施する場合、利用するサービスが音楽著作権管理団体と包括許諾契約を締結しているかどうかを確認する必要があります。なお、包括許諾契約には著作隣接権、著作者人格権は対象外であり、これらの権利については別途権利者から許諾を得る必要があります。例えば替え歌は同一性保持権を侵害する可能性があるため、権利者から許諾を得ることが必要です。

また、音楽著作権以外にも、静止画や動画をライブ配信で用いる場合には、当該コンテンツが第三者の権利を侵害するものでないか注意が必要です。例えば画像販売サービスで購入した画像であっても、そもそも販売されていた画像が第三者の権利を侵害するものである場合もあり得ます（特に、いわゆる「フリー素材」の場合、第三者の権利を侵害している素材が出回っている可能性は高まります。）。そのため、有料で販売されている画像であったとしても、画像検索をする等して、第三者の権利を侵害していないかを慎重に確認することが望ましいといえます。

第6 「投げ銭」をめぐる法律問題

1 マネタイズモデルとしての「投げ銭」

ライブ配信サービスにおけるマネタイズモデルの一つとして、UI上に様々な演出効果を発生させるデジタルアイテムを「投げる」ことで、視聴者があたかも路上ライブでおひねりを投げているかのような体験を可能とするいわゆる「投げ銭」が挙げられます。ライブコマースにおけるプラットフォーマーの主な収益源は出品者から取得する出品手数料と考えられますが、ライブ配信という部分に注目すると、視聴者による「投げ銭」も収益源となり得ます。「投げ銭」をするかどうか、いくらの「投げ銭」をするかは視聴者に委ねられており、それは、配信者の配信内容によって「投げ銭」の有無や金額が変化することを意味しています。そのため、「投げ銭」は配信者の収益源はもとより配信を継続するモチベーションともなります。

もっとも、「投げ銭」は視聴者が直接配信者に対し金銭を「投げて」、配信者に直接送金しているようにも見えます。仮に直接送金しているとすると、プラットフォーマーは「為替取引」を行っているとして、銀行業の登録又は資金決済法に基づく登録が必要となる可能性があるため「投げ銭」と「為替取引」の関係を検討する必要があります。なお、「投げ銭」の呼称はサービスごとに異なりますが、本書では、厳密には路上ライブで行うような投げ銭ではないものの、あたかも投げ銭をしているかのような体験ができるサービス設計であるという意味で、便宜的に「投げ銭」と表記します。

❷「投げ銭」と「為替取引」との関係

金銭を第三者に送金する事務処理は、銀行が役割を担っており、銀行は銀行法をはじめとする利用者保護のための規制のもと送金業務を遂行しており、それにより利用者の安全な送金が実現されます。銀行法は、銀行が行う業務の一つとして「為替取引」を挙げており、銀行法上は「為替取引」の定義は定められていないものの、判例上、銀行法2条2項2号にいう「『為替取引を行うこと』とは、顧客から、隔地者間で直接現金を輸送せずに資金を移動する仕組みを利用して資金を移動することを内容とする依頼を受けて、これを引き受けること、又はこれを引き受けて遂行すること」（最決平成13年3月12日刑集55巻2号97頁参照）とされています。そのため、第三者から依頼を受けて他の第三者に送金することは、銀行でなければできないのが原則です。

もっとも、取引の多様化と複雑化に伴い決済の便宜を図る必要性が高まっていることや、少額の送金に関しては許容する合理性もあることから、資金決済法は、一定の資金移動について資金移動業（同法2条2項）として定め、銀行でなくとも資金移動を行うことを認めています。資金移動業は、「銀行等以外の者が為替取引（筆者注：少額の取引として政令で定めるものに限る。）を業として営むことをいう」とされ、資金決済法でも「為替取引」は定義されていませんが、当該「為替取引」は、銀行法2条2項2号に定める「為替取引を行うこと」と同義とされています。

ライブ配信における「投げ銭」は、視聴者が配信者を応援するために金銭を「投げる」ものであるとして、視聴者が配信者に直接送金しているようにも思えるため、「投げ銭」が「為替取引」に該当しないかが問題となります。仮に「投げ銭」が「為替取引」に該当するとなると、プラットフォーマーは資金決済法に基づく登録が必要となり、社内体制の整備や厳格な本人確認が求められる等、事業運営のための負担が増大します。特に、「投げ銭」をする度に資金移動であるとして本人確認が求められるとなると、サービスのUXが著しく害されるため現実的ではありません。そのため、「為替取引」に該当しない範囲でサービスを設計することが重要となります。

③ 契約構成

「投げ銭」の「為替取引」該当性を検討するための前提として、「投げ銭」を実現するための契約構成として以下のパターンが考えられます。現実的に実現可能と思われるのは①③であり、②はそもそも「為替取引」に該当することから採用は困難と思われます。

①プラットフォーマーが視聴者にデジタルコンテンツを販売し、配信者との間で、視聴者の使用したデジタルコンテンツの価格等に応じて収益分配する

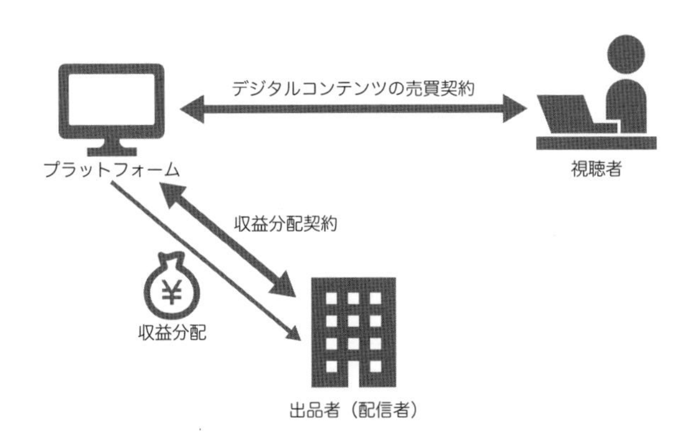

多くのプラットフォーマーが採用していると考えられる構成で、プラットフォーマーと視聴者との間では利用規約に基づくデジタルコンテンツに関する売買契約が成立し、プラットフォーマーと配信者との間で利用規約に基づく収益分配を行うというものです。視聴者と配信者との間に直接契約関係はなく、個別の契約関係に基づき、それぞれの義務を履行した結果、プラットフォーマーから配信者に経済的利益が支払われるという構成とされます。この場合、プラットフォーマーと視聴者との契約関係と、プラットフォーマーと配信者との契約関係は独立して成立しており、プラットフォーマーは視聴者から資金を移動することについて依頼を受けているわけではありません。そのため、契約構成からすれば「為替取引」には該当しないと考えられます。もっとも、視聴者は配信者を応援する目的でデジタルコンテンツを購入していることが通常と考えられ、プラットフォーマーと視聴者と間のデジタルコンテンツの売買契約と、プラットフォーマーと配信者との間の収益分配契約（利用規約に基づく契約関係）を明確に分離し、契約全体からみても、配信者に対する送金を行っていないと評価できるための工夫が必要です。

②視聴者と配信者間に直接契約を成立させ、視聴者から配信者への直接送金を行う

この構成は、プラットフォーマーと視聴者との間の利用規約、プラットフォーマーと配信者との利用規約に基づき、視聴者と配信者との間に直接契約関係を成立させる（マッチングさせる）ものです。

ただし、この構成はプラットフォーマーが視聴者と配信者との直接送金手段を提供するものとして正面から「為替取引」に該当し、プラットフォーマーは資金決済法に基づく登録が必要となると思われま

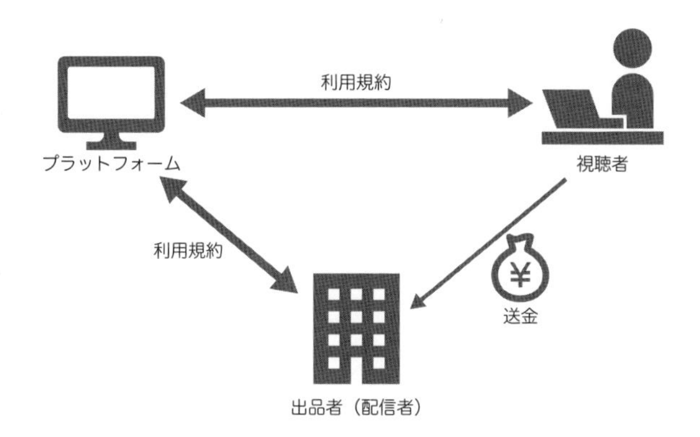

す。また、配信者が直接視聴者に対するコンテンツ提供者となると、特定商取引法上、配信者の連絡先等の情報を表記することが求められる等、サービス設計としては現実的ではないと思われます。

③視聴者と配信者間に直接契約を成立させ、プラットフォーマーが視聴者と配信者間の決済を代行する

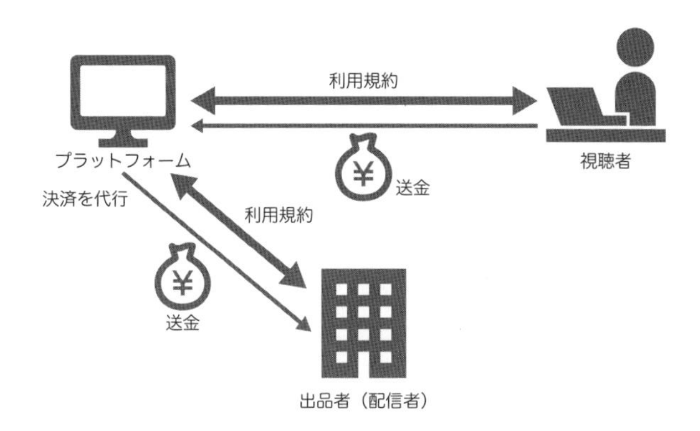

この構成は、プラットフォーマーと視聴者との間の利用規約、プラットフォーマーと配信者との利用規約に基づき、視聴者と配信者との間に直接契約関係を成立させる点では②と同様です。②の問題点は、

プラットフォーマーが視聴者と配信者との直接送金手段を提供するため、正面から「為替取引」に該当し、資金決済法に基づく規制が適用されてしまうというものでした。これを解決するために、プラットフォーマーが視聴者と配信者間の決済を代行するいわゆる決済代行をするというものです。

決済代行は、サービス提供者が決済代行事業者に対し代金等の回収を委託し、利用者が決済代行業者に対して代金等を支払い、決済代行事業者からサービス提供者に代金等の支払いがなされることで取引が完結するものです。従来、資金決済法では決済代行に関する規制は定められていませんでしたが、令和２年改正により、決済代行に関する定めが設けられ、資金の受取人が個人（事業者を除く。）である場合、原則として為替取引に該当することとされています。

「投げ銭」との関係では、配信者（受取人）が個人である場合の決済代行は「為替取引」に該当することから、資金移動業者登録が必要となりますが、配信者が芸能事務所等の事業者を想定する場合の決済代行は、「為替取引」には該当しないことになります。配信者の属性によって「為替取引」該当性が変わってくるため、プラットフォーマーの管理コストが増大するおそれがありますが、配信者を法人に限定する等により対応可能となり得ます。

第3章

ライブ配信開始中の法律問題

ライブコマースは、事前に収録して編集した動画を配信する動画配信とは異なり、配信中に話した内容や映像がタイムリーに視聴者の元に届くため、「やり直し」がききません。そのため、配信者はライブ配信中の言動、具体的には第三者の権利利益を侵害しないよう留意する必要があるとともに、プラットフォーマーは、このような権利利益を侵害する配信を放置しないよう対策を講じておく必要があります。

本章では、特にプラットフォーマーの観点から、どのように第三者の権利利益の侵害を予防するか、万が一侵害された場合にどのように対応するかを中心に、ライブ配信中の法律問題について解説します。

第1 通信の秘密と配信内容の監視

1 通信の秘密とは

憲法21条2項は、通信の秘密について規定しており、通信の内容や存在、相手方等を知られずに通信を行うことが保障されています。通信の秘密は、通信の内容だけでなくその存在の秘密が確保されることも含まれ、通信当事者の住所、氏名、通信日時、発信場所等通信の構成要素、通信の存在そのものの事実の有無が含まれます。特にインターネットを通じたコミュニケーションが日常的に行われている現在、電気通信事業法は「電気通信事業者の取扱中に係る通信の秘密は、侵してはならない。」と定め、電気通信事業者の取扱中に係る通信の秘密を侵害することが禁止されています（電気通信事業法4条）。通信の秘密を侵害する行為は、上記通信の秘密の保障が及ぶ範囲の秘密を侵す行為をいい、通信当事者以外の第三者がこれらの事実を故意に知ること、自己又は他人のために利用すること、第三者に漏洩すること等広く対象となります[6)]。

電気通信事業者は、通信の秘密の漏洩等を防止するための安全管理

6）電気通信事業者は、通信の秘密以外にもプライバシー情報として要保護性の高い情報を取り扱うこともあります。このような通信の秘密以外のプライバシー情報については、「電気通信事業における個人情報保護に関するガイドライン」（令和4年3月31日個人情報保護委員会・総務省告示第4号）に定められており、実務上参考になります。

措置を講じる必要があり（電気通信事業者における個人情報保護に関するガイドライン12条）、通信の秘密の漏洩等が発生した場合、総務大臣への報告が義務付けられ（電気通信事業法28条）、通信の秘密の確保に支障があるときは業務改善命令の対象となります（同法29条1項1号）。さらに、通信の秘密の侵害は電気通信事業法違反として刑事罰の対象となります（同法179条1項、2項）。

なお、通信の秘密と個人情報の保護との関係は以下のとおりです。

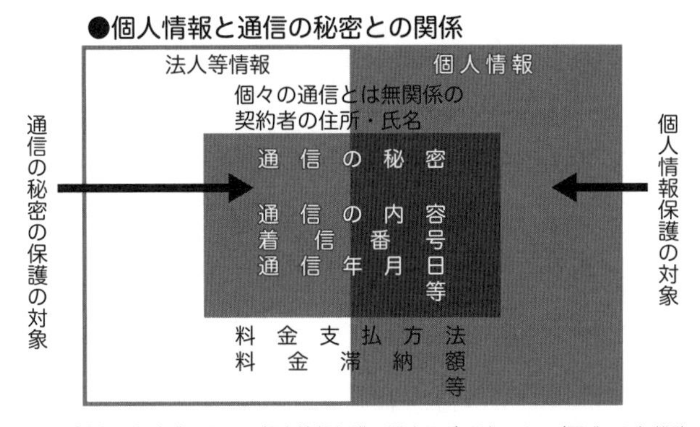

出典：「電気通信事業における個人情報保護に関するガイドライン（平成16年総務省告示第695号。最終改正平成17年総務省告示1176号）の解説」5頁図表

② 通信の秘密の例外

上記のように、通信の秘密は保護の範囲が広く、憲法上明記されている権利であることを踏まえても、その重要性は高いといえます。もっとも、通信の秘密にも全く例外がないというわけではなく、通信当事者の同意がある場合、裁判官の発布した令状に従う場合、正当防衛、緊急避難又は正当業務行為その他の違法性阻却事由がある場合は通信の秘密を取得、保存、利用又は第三者に提供することが許容されます。なお、通信の秘密に該当する情報の取扱いに対する有効な同意

の在り方として、包括的な同意では足りず、原則として個別具体的かつ明確な同意が必要とされています（総務省「電気通信事業者における個人情報保護に関するガイドラインの解説」（令和4年3月　個人情報保護委員会・総務省）、同意取得の在り方に関する参照文書）[7]。

③ サービス内における監視と通信の秘密との関係

【プラットフォーマーの視点】

ライブコマースにおいては、配信者と視聴者とのやり取りや、視聴者間のやり取り（DM）についてプラットフォーマーが監視し、不当あるいは違法な内容のものを非表示としたり削除することが可能かという形で通信の秘密の保護との関係が問題となり得ます。配信者としては、コミュニケーションの内容がプラットフォーマーから監視されていることで自由なやり取りに対する萎縮を生むおそれがあり、それにより視聴者も自由なコメントをしにくくなり、「窮屈なサービス」との評判が立ってしまうおそれがあります。また、視聴者からすれば、いつ、どのようなコメントがプラットフォーマーから「不当あるいは違法」なものと評価され削除されるかわからず、その判断過程も示されないとなれば、投稿に対する萎縮効果が生じかねません。また、これらはいずれも配信者、視聴者の表現の自由に関わる問題でもあります。他方、全くプラットフォーマーがコミュニケーションの内容を監視していないとなれば、当該サービスは文字どおり「無秩序」な空間となり、誹謗中傷や犯罪予告等が蔓延することとなりかねません。サービスの健全性を確保するためにも、プラットフォーマーによる監

7）https://www.soumu.go.jp/main_content/000735985.pdf

視体制の構築、監視の実施は一定程度必要となることから、両者のバランスが重要となります。

コラム

近時、SNSを通じて有名人に対しても容易に直接連絡を取ることができるようになりました。それにより、視聴者が、ライブ配信で知った配信者に対し、別のSNS等で連絡を取り、配信者がトラブルや犯罪に巻き込まれるという事例が考えられます。具体的なコミュニケーションはライブコマースサービス外の別サービス上でなされているため、プラットフォーマーとしては対策が困難であり、どこまで対策すべきかについても悩ましいところです。他方、何ら対策しなかった結果、事件についての報道がなされ、その中で「ライブ配信サービスで知った」との内容が含まれてしまった場合、客観的にはプラットフォーマーに帰責性がなかったとしても、風評被害を受ける可能性はゼロではありません。プラットフォーマーとしては、他社サービスに対するコントロールを及ぼすことはできませんが、自社サービスを利用する配信者や視聴者に対し、SNSリテラシーを向上させるための啓蒙活動を地道に続けていくことが解決策の一つと思われます。

④ 捜査関係事項照会、弁護士会照会との関係

【プラットフォーマーの視点】

ライブコマースのサービス上で犯罪行為が発生した場合、警察が当該事件について捜査する過程で、プラットフォーマーに対し、配信内容や日時、視聴者の情報等を照会することがあります。また、民事事件でも、弁護士が所属弁護士会を通じて民事訴訟を提起するための準備行為として、プラットフォーマーに対し上記情報を照会することがあります。これらの照会に応じてプラットフォーマーが情報を開示する場合、視聴者等の通信の秘密を侵害しないかを検討する必要があります。

警察による捜査については、刑事訴訟法197条2項が捜査機関によ

る捜査のために必要な情報を照会する権限を定めています（捜査関係事項照会)。しかし、本条項に基づきプラットフォーマーが情報を警察に開示した場合であっても、通信の秘密を侵害することまで正当化するものではないと考えられており、警察が上記情報を取得するには(プラットフォーマーによる情報提供が正当化されるためには)、裁判所が発付する令状に基づく必要があります。

また、弁護士法23条の2は弁護士会照会について定めていますが、これも同様に、通信の秘密に属する情報の提供は通信の秘密を侵害するものと考えられており、プラットフォーマーによる情報の提供を正当化できるものではありません。

したがって、プラットフォーマーとしては、通信の秘密に関する開示を求める捜査関係事項照会や弁護士会照会の書面を受領した場合、原則として開示できない旨の回答をすることになると考えられます。

第2　広告表示に関する規制

1　ライブコマースにおける表示

ライブコマースの目的は、最終的には出品者が出品する商品を視聴者に購入させることにあり、出品者や配信者は、商品を魅力的に見せるための商品紹介ページや広告を制作したりライブ配信を行います。出品者や配信者は、これらの広告や配信内容に虚偽がないよう、また、視聴者の判断を誤らせ不利益を被らせることのないよう留意する必要があり、プラットフォーマーとしては、虚偽等を含む広告やライブ配信がなされないよう管理する必要があります。

2　景品表示法

【事業者、出品者、配信者の視点】

景品表示法（不当景品類及び不当表示防止法）は、商品やサービスの品質、内容、価格等を偽って表示をすること規制し、過大な景品類の提供を防ぐために景品類の最高額を制限すること等により、消費者がより良い商品やサービスを自主的かつ合理的に選べる環境を保護する法律です。一般的に、誰もがより良い商品やサービスを求めるのが消費者心理であり、消費者としての行動といえます。しかし、実際より良く見せかける表示が行われたり、過大な景品を付けて商品の販売が行われると、それらにつられて消費者が実際には質の良くない商品やサービスを購入し不利益を被るおそれがあることから、これを防止する必要があります。景品表示法では、制限される不当な表示として、優良誤認表示（同法５条１号）と有利誤認表示（同条２号）について定めています。

優良誤認表示は、「商品・サービスの品質、規格その他の内容についての不当表示」であり、実際のものよりも著しく優良であると一般消費者に示す表示や、実際にはそうでないにもかかわらず、競合よりも著しく優良であると示す表示をいいます。優良誤認表示に関しては、広告に表示する商品、サービスの内容について、表示の裏付けとなる合理的な根拠を示す資料が必要な点に注意が必要です。例えば、裏付けがないにもかかわらず、商品を使用するだけで身の回りのウイルスを除去するかのような表示がこれに該当します[8)]。事業者が資料を提出しない場合又は提出された資料が表示の裏付けとなる合理的な根拠を示すものと認められない場合、当該表示は、措置命令との関係では不当表示とみなされ（同法７条２項）、課徴金納付命令との関係では不当表示と推定されます（同法８条３項）。

優良誤認表示が商品やサービスの内容に着目するものであるのに対して、有利誤認表示は、「商品やサービスの価格その他取引条件についての不当表示」です。取引条件について、実際のものより著しく有利であると一般消費者に誤認される表示や、取引条件について競合よりも著しく有利であると一般消費者に誤認される表示をいいます。例えば、実際には、他社と同程度の内容量であるにもかかわらず、他社商品の２倍の内容量であるかのような表示がこれに該当します[9)]。

ライブコマースでは、多数の出品者により多種多様な商品が販売さ

8）消費者庁「事例でわかる景品表示法　不当景品類及び不当表示防止法ガイドブック」７頁

9）前掲注8）９頁

れることが想定され、サービス内で出品者同士の競争が起こることも想定されます。出品者が自らの商品を魅力的に見せるための努力を尽くす中で「いきすぎた」表示がなされてしまうと、上記表示に該当する可能性があります。

③ プラットフォーマーからみた各当事者による表示について注意すべき点

【プラットフォーマーの視点】

出品者や配信者は、商品の販売数を増加させるため、商品の魅力を最大限に伝えようとします。そのため、偏りのある内容や、メリットのみを過度に強調した内容となるおそれがあり、プラットフォーマーとしては、優良誤認表示、有利誤認表示を含むライブ配信がなされないよう対策する必要があります。

また、出品者による商品販売ページには、商品名、価格等商品に関する説明が記載されることから、これらの表示が優良誤認表示、有利誤認表示に該当し景品表示法上の表示規制に違反しないかにも留意する必要があります。商品販売ページに関する責任は一次的には出品者にありますが、プラットフォーマーは、商品販売ページに対する事前審査の機会や権限がある以上、プラットフォーマーにも優良誤認表示、有利誤認表示に該当する商品販売ページが表示されないよう管理する義務があると考えられます。プラットフォーマーとしては、商品出品の審査段階で商品ページが景品表示法に違反しないかを審査し、違反の疑いがある表現は修正依頼を出したり、修正がなされるまで出品を認めないとする等の対応が必要です。

また、プラットフォーマー自身がキャンペーンを実施する場合も、優良誤認表示、有利誤認表示に該当する表示がなされないよう注意する必要があります。

コラム　薬機法及び医療機器に関する各種ガイドライン

健康食品や医療機器を商品として販売する場合、薬機法やガイドラインにより使用することのできる表現が厳しく規制されていることに注意が必要です。特に配信中は配信者の配信内容をコントロールできないことから、商品によってガイドラインを精査して、事前にNGワードを設定したり、トークスクリプトを作成することが必要です。

第3 特定商取引法

景品表示法に基づく表示規制のほかにも、出品商品やデジタルコンテンツの販売にあたっては、特定商取引法（特定商取引に関する法律）に基づく表記に留意する必要があります。特定商取引法は、事業者による違法・悪質な勧誘行為等を防止し、消費者の利益を守ることを目的とする法律で、消費者トラブルを生じやすい取引類型を対象に、事業者が遵守すべきルールと消費者を保護するためのルール等を定めています。ライブコマースにおける商品の売買は通信販売に該当するため、通信販売に関する規制に留意する必要があります。

1 通信販売に関する規制

【プラットフォーマー、事業者、出品者、配信者の視点】

「通信販売」とは、事業者が新聞、雑誌、インターネット等で広告し、郵便、電話等の通信手段により申込みを受ける取引をいいます。ライブコマースにおける販売方法は原則として通信販売に該当すると考えられ[10]、以下の規制を受けます。また、通信販売に関する規制に

10）以下の場合、特定商取引法は適用されません（特定商取引法26条1項各号）。
①営業のため、又は営業として締結するもの
②海外にいる人に対する販売又は役務の提供
③国、地方公共団体が行う販売又は役務の提供
④特別法に基づく組合、公務員の職員団体、労働組合がそれぞれの組合員に対して

違反した場合、業務改善の指示（特定商取引法14条第1項）、業務停止命令（同法15条1項前段）、役員等の業務禁止命令（同法15条の2第1項）等の行政処分、罰則の対象となり、事業の遂行に重大な影響を及ぼしかねないため注意が必要です。

①広告の表示（同法11条）

通信販売における広告は、以下の事項を表示する必要があります。単に表示すれば良いというわけではなく、表示事項等について「著しく事実に相違する表示」や「実際のものよりも著しく優良であり、若しくは有利であると人を誤認させるような表示」は誇大広告等として禁止されています（同法12条）。

- 販売価格（役務の対価）　※送料についても表示が必要
- 代金（対価）の支払時期、方法
- 商品の引渡時期（権利の移転時期、役務の提供時期）
- 申込みの期間に関する定めがあるときは、その旨及びその内容
- 契約の申込みの撤回又は解除に関する事項（売買契約に係る返品特約がある場合はその内容を含む。）
- 事業者の氏名（名称）、住所、電話番号
- 事業者が法人であって、電子情報処理組織を利用する方法により広告をする場合には、当該事業者の代表者又は通信販売に関する業務の責任者の氏名
- 事業者が外国法人又は外国に住所を有する個人であって、国内に事務所等を有する場合には、その所在場所及び電話番号
- 販売価格、送料等以外に購入者等が負担すべき金銭があるときには、その内容及びその額
- 引き渡された商品が種類又は品質に関して契約の内容に適合しない場合の販売業者の責任についての定めがあるときは、その内容
- いわゆるソフトウェアに関する取引である場合には、そのソフトウェアの動作環境

行う販売又は役務の提供

⑤事業者がその従業員に対して行う販売又は役務の提供の場合

⑥株式会社以外の者が発行する新聞紙の販売

⑦他の法令で消費者の利益を保護することができる等と認められるもの

・契約を2回以上継続して締結する必要があるときは、その旨及び販売条件又は提供条件
・商品の販売数量の制限等、特別な販売条件（役務提供条件）があるときは、その内容
・請求によりカタログ等を別途送付する場合、それが有料であるときには、その金額
・電子メールによる商業広告を送る場合には、事業者の電子メールアドレス

なお、消費者の請求によってこれらの事項を記載した書面（インターネット通信販売においては電子メールも可能）を遅滞なく提供することを広告に表示し、かつ実際に請求があった場合に遅滞なく提供できるような措置を講じている場合、以下のとおり広告の表示事項を一部省略することができます（同法11条ただし書）[11]。特に個人事業主である出品者の氏名（名称）、住所、電話番号は掲載を避けたいというニーズもあると考えられることから、係る措置の導入を積極的に検討する余地があります。

表示事項		販売価格・送料その他消費者の負担する金額	
		全部表示したとき	全部表示しないとき
代金等の支払時期	前払の場合	省略できない	省略できる
	後払の場合	省略できる	省略できる
代金等の支払方法		省略できる	省略できる

11）通信販売における売買契約の申込みの撤回等についての特約（返品特約）がある場合、その内容（返品の可否、返品の期間等条件、返品に係る費用負担の有無）に係る事項の省略が認められず、「通信販売における返品特約の表示についてのガイドライン」（https://www.caa.go.jp/policies/policy/consumer_transaction/amendment/2012/pdf/130220legal_6.pdf）」を参考に表示を工夫することが求められます。さらに、インターネット通販の場合、最終確認画面においても表示することが定められています（特定商取引法15条の3ただし書、特定商取引法施行規則16条の3）。

商品の引渡時期等	遅滞なく行う場合	省略できる	省略できる
	それ以外	省略できない	省略できる
申込みの期間に関する定めがあるときは、その旨及びその内容		省略できない	省略できない
返品に関する事項を除く契約の申込みの撤回又は解除に関する事項		省略できる	省略できる
返品に関する事項（返品の可否・返品の期間等条件、返品の送料負担の有無）		省略できない	省略できない
販売業者の氏名（名称）、住所、電話番号		省略できる	省略できる
法人であって情報処理組織を使用する広告の場合に法人においては代表者名又は責任者名		省略できる	省略できる
事業者が外国法人又は外国に住所を有する個人であって、国内に事務所等を有する場合には、その所在場所及び電話番号		省略できる	省略できる
引き渡された商品が種類又は品質に関して契約の内容に適合しない場合の販売業者の責任	負う場合	省略できる	省略できる
	負わない場合	省略できない	省略できる
ソフトウェアを使用するための動作環境		省略できない	省略できない
契約を2回以上継続して締結する場合の販売条件又は提供条件		省略できない	省略できない
販売数量の制限等特別の販売条件（提供条件）があるときは、その内容		省略できない	省略できない
請求により交付する書面又は提供する電磁的記録が有料のときは、その価格		省略できない	省略できない
（電子メールで広告するときは）電子メールアドレス		省略できない	省略できない

②未承諾者に対する電子メール広告の提供の禁止（同法12条の3、12条の4）

通信販売においては、消費者があらかじめ承諾しない限り、事業者が電子メール広告を送信することは原則として禁止されています（オプトイン規制）[12]。また、当該電子メール広告の提供について消費者から承諾や請求を受けた場合、最後に電子メール広告を送信した日から3年間、その承諾や請求があった記録を保存することが必要です。

③特定申込みを受ける際の表示（同法12条の6）

事業者（販売業者若しくは役務提供事業者又はそれらの委託を受けた者）が定める様式等に基づき申込みの意思表示が行われる場面では、消費者が必要な情報につき一覧性をもって確認できるようにするとともに、不当な表示が行われないようにする必要があります。以下の申込みを行う場合は「特定申込み」に該当します。

①事業者が作成した所定の様式の書面に沿って消費者が注文内容を記入し、通信販売の契約の申込みを行う場合 ②インターネットを利用した通信販売において、契約の申込みを行う場合

特定申込みに該当する通信販売においては、申込書面（①の場合）

12）以下のような場合は、規制の対象外となります。
・契約の成立、注文確認、発送通知などに付随した広告
　契約内容や契約履行に関する通知など、重要な事項を通知するメールの一部に広告が含まれる場合
・メルマガに付随した広告
　消費者からの請求や承諾を得て送信する電子メールの一部に広告を記載する場合
・フリーメール等に付随した広告
　インターネット上で、無料でメールアドレスを取得できるサービスで、無料の条件として、利用者がそのアドレスからメールを送ると、当該メールに広告が記載されるものなどの一部に広告を記載する場合

や最終確認画面（②の場合）に、以下の事項を表示する必要があります。

- 分量
- 販売価格（役務の対価）　※送料についても表示が必要
- 代金（対価）の支払時期、方法
- 商品の引渡時期（権利の移転時期、役務の提供時期）
- 申込みの期間に関する定めがあるときは、その旨及びその内容
- 契約の申込みの撤回又は解除に関する事項（売買契約に係る返品特約がある場合はその内容を含む。）

また、契約の申込みとなることを誤認させるような表示や、上記の事項について誤認させるような表示も禁止されます[13]。

④前払式通信販売の承諾等の通知（同法13条）

消費者が商品の引渡しを受ける前に代金の全部あるいは一部を支払う販売方式を「前払式通信販売」といい、前払式通信販売に該当する取引の場合、事業者は、代金受領後商品の引渡しまで時間がかかるときは[14]、以下の事項を記載した書面を交付する必要があります。

- 申込みの承諾の有無（代金（対価）を受け取る前に申込みの承諾の有無を通知しているときにはその旨。なお、承諾しないときには、受け取ったお金をすぐに返すこととその方法を明らかにしなければならない。）
- 事業者の氏名（名称）、住所、電話番号
- 受領した金銭の額（それ以前にも金銭を受け取っているときには、その合計額）
- 当該金銭を受け取った年月日
- 申込みを受けた商品とその数量（権利、役務の種類）

13）「通信販売の申込み段階における表示についてのガイドライン」
https://www.no-trouble.caa.go.jp/pdf/20220601la02_07.pdf

14）「商品の引渡時期等について、遅滞なく申込みに係る商品を送付する場合の「遅滞なく」とは、取引の実態からみて１週間程度である」とされています。

・承諾するときには、商品の引渡時期（権利の移転時期、役務の提供時期）（期間又は期限を明らかにすることにより行わなければならない）

⑤契約解除について

通信販売の契約の申込みの撤回又は解除を妨げるために、申込みの撤回、解除に関する事項や契約の締結を必要とする事情に関する事項について、事実と違うことを告げることは禁止されています（同法13条の2）。また、通信販売において売買契約の申込みの撤回等ができることから、契約当事者双方に原状回復義務が課された場合、事業者は代金返還など債務の履行を拒否したり、遅延したりすることを禁止しています（同法14条）。

⑥申込みについて

インターネット通販において申込みをする際、消費者が申込み内容を容易に確認し、かつ、訂正できるように措置していないことを「顧客の意に反して」契約の申込みをさせようとする行為として禁止しています（同法14条）。通信販売では、消費者が売買契約を申し込んだり、締結したりした場合でも、その契約に係る商品の引渡し（特定権利の移転）を受けた日から数えて8日以内であれば、消費者は事業者に対して、契約申込みの撤回や解除ができ、消費者の送料負担で返品ができます（同法15条の3）。もっとも、事業者が広告であらかじめ、この契約申込みの撤回や解除につき、特約を表示していた場合は、その特約によります。事業者が、特定申込みを受ける際、以下のような表示をした（しなかった）ことにより、消費者がそれぞれ以下のような誤認をすることによって特定申込みの意思表示をしたときには、その意思表示を取り消すことができます（同法15条の4）。

- 同法 12 条の 6 第 1 項の表示義務に違反して不実の表示がなされた場合であって、その表示が事実であると誤認した場合
- 同法 12 条の 6 第 1 項の表示義務に違反して表示がなされなかった場合であって、その表示されていない事項が存在しないと誤認した場合
- 同法 12 条の 6 第 2 項第 1 号で禁止される表示がなされた場合であって、書面の送付や情報の送信が申込みとならないと誤認した場合
- 同法 12 条の 6 第 2 項第 2 号で禁止される表示がなされた場合であって、表示事項について誤認した場合

第4 景品に関する規制

商品を販売するにあたって、販売数を増やすため、あるいは話題化するため、商品に「おまけ」を付ける等のキャンペーンを実施することがあります。その場合に留意すべきなのが、景品表示法における景品規制です。景品表示法では、おまけ等の景品が「景品類」に該当する場合、景品類の価格に制限が設けられます。具体的には、①顧客を誘引するための手段として、②事業者が自己の供給する商品・サービスの取引に付随して提供する③物品、金銭その他の経済上の利益は景品類として、景品表示法に基づく景品規制が適用されます。景品表示法に基づく景品規制は、一般懸賞、共同懸賞、総付景品に区別され、それぞれ提供できる景品類の限度額等が定められています。限度額を超える過大な景品類の提供を行った場合、消費者庁長官は、当該提供を行った事業者に対して景品類の提供に関する事項を制限し又は景品類の提供を禁止することができるとされているため、プラットフォーマー、事業者等としては、何らかのプレゼントキャンペーンを実施する場合、プレゼントが「景品類」に該当するか、プレゼントの価額が景品表示法上許容される金額範囲内か否かを検討する必要があります。

1　一般懸賞

商品・サービスの利用者に対し、くじ等の偶然性、特定行為の優劣等によって景品類を提供することを「懸賞」といい、そのうち共同懸賞以外のものを「一般懸賞」といいます。例えば、抽選で当選した視聴者にグッズをプレゼントするキャンペーンや、ライブコマースを通じて商品を購入した視聴者のうち10名に別の商品をプレゼントするというケースが該当します。一般懸賞における景品類の限度額は以下のとおりです。

懸賞による取引価額	景品類限度額	
	最高額	総額
5000円未満	取引価額の20倍	懸賞に係る売上予定総額の2%
5000円以上	10万円	

上記の例で、キャンペーンに関し想定される取引単価が3000円、懸賞に係る売上予定総額が1000万円と仮定した場合、グッズ1個の限度額は6万円（取引価額の20倍）となるとも思えますが、懸賞に係る売上予定総額1000万円からみた景品類限度額の総額は20万円であり、当選者が10人なので、（10個のグッズが同じものである場合）グッズ1個の上限額は2万円となります。また、キャンペーンに関し想定される取引単価が1万円、懸賞に係る予定売上総額が8000万円と仮定した場合、グッズ1個の限度額は10万円（取引価額が5000円以上の場合の限度額）、懸賞に係る売上予定総額8000万円からみた景品類限度額の総額は160万円となり、当選者が10人なので（10個のグッズが同じものである場合）グッズ1個の上限額は16万円となるとも思えますが、小さい方の10万円が限度額となります。

なお、景品類が非売品の場合で、類似品も市販されていない場合、景品類を提供する者がそれを入手した価格、当該景品類の製造コスト、当該景品類を販売することとした場合に想定される利益率などから、景品類の提供を受ける者が、それを通常購入することとしたときの価格を算定し、その価格を景品類の価額とするとされています。ライブコマースにおいては、例えば特定の配信者や出品者のサイン、ブロマイドのような非売品をプレゼントすることが考えられますが、これらの制作に必要なコストや、仮に当該サインやブロマイドが市販されていたと仮定した場合の金額、転売市場での取引金額等を考慮して価額を算定していくものと考えられます。

2 共同懸賞

複数の事業者が参加して行う懸賞を「共同懸賞」といいます。共同懸賞における景品類の限度額は以下のとおりです。

景品類限度額	
最高額	総額
取引価額にかかわらず30万円	懸賞に係る売上予定総額の3%

3 総付景品

一般消費者に対し懸賞によらずに提供される景品類を「総付景品」（ベタ付け景品）といいます。具体的には、商品、サービスの利用者や来店者に対してもれなく提供する金品等がこれに該当し、商品、サービスの購入申込み順又は来店の先着順により提供される金品等も総付景品に該当します。例えば、申込みをした視聴者全員にノベルティをプレゼントするキャンペーンを実施するにあたっては、総付景品に関する規制を遵守する必要があります。総付景品の限度額は以下のとおりです。

取引価額	景品類の最高額
1000円未満	200円
1000円以上	取引価額の10分の2

上記の例では、例えば500円の商品を購入した人全員にノベルティ

をプレゼントする場合、ノベルティの価額上限は200円、2000円の商品を購入した人全員にノベルティをプレゼントする場合にはノベルティの価額上限は400円となります。

4 オープン懸賞

新聞、テレビ、雑誌、ウェブサイト等で企画内容を広く告知し、商品・サービスの購入や来店を条件とせず、郵便はがき、ファクシミリ、ウェブサイト、電子メール等で申し込むことができ、抽選で金品等が提供される企画を「オープン懸賞」といい、景品規制の適用を受けません。そのため、提供できる金品等に具体的な上限額の定めはありません。例えば、サービス利用の有無を問わず、SNSでツイートした人の中から抽選でグッズをプレゼントするという企画は、オープン懸賞に該当し、上限額はないことになります。

5 値引販売

値引販売には景品規制が適用されません。また、キャッシュバックなどの方法により、取引通念上妥当と認められる基準に従い、支払った代金の割戻しを行うことは値引と認められる経済上の利益に該当し、景品規制の適用対象とはなりません。例えば事業者や出品者が値引して商品を販売する場合や、プラットフォーマーがキャッシュバックキャンペーンを実施する場合、景品規制は適用されません。ただし、商品ページやキャンペーンページの表示については表示規制が適用されるため注意が必要です。

第4章

ライブ配信終了後の法律問題

　ライブコマースは、ライブ配信が終了すればそれで終わりというわけではありません。視聴者により購入された商品を配送し、代金を回収してはじめてライブコマースサービスとして完結します。また、ライブ配信された動画データの取扱いや、万が一配信中に誹謗中傷等の第三者の権利利益を侵害する内容が含まれていた場合に、事後対応としていかなる対応をすべきかが問題となり得ます。特に、誹謗中傷問題は社会的関心がより高まってきており、法改正もなされている領域でもあることから、重要性が高まっています。

　本章では、これらの問題をめぐる論点について解説します。

商品販売後の対応

【プラットフォーマー、事業者、出品者、配信者の視点】

ライブ配信の終了後は、出品者と視聴者間で成立した商品に関する売買契約が履行されます。具体的には、出品者は販売した商品を視聴者へ配送する義務（引渡義務）を、視聴者は代金支払義務を履行することになります。なお、ライブコマースサービスにおいては、クレジットカードやアプリプラットフォーム上の決済手段等を用いて、ライブ配信中に商品販売代金の決済を完了させることも可能であり、ライブ配信終了後に視聴者が商品代金を振り込んで支払うことは稀だと思われます（振込みとした場合、出品者は商品代金の回収リスクを、プラットフォーマーは出品手数料の回収リスクを負うことになります。）。

なお、ライブ配信中に視聴者から「投げ銭」がなされた場合、規約の内容にもよりますが、プラットフォーマーは、配信者に対し当該「投げ銭」に係る売上の収益分配金を支払う義務を履行するのが一般的と思われます。

【出品者、視聴者の視点】

視聴者が商品を購入し、代金を支払ったにもかかわらず出品者から商品が届かない場合、視聴者としては、出品者に対し商品の引渡しを請求することになります[15]。商品が届かない原因は様々考えられますが、誤配送等により視聴者に損害が生じた場合を想定し、出品者は、商品販売ページにおいて、「当社は、商品配送中の紛失、誤配送等により視聴者に発生した損害について、一切責任を負いません。」といった内容の免責条項を設けることを検討するかもしれません。しかし、このような条項は、出品者の債務不履行による損害賠償責任を全部免除する条項として、消費者契約法８条１項１号に該当し無効となると考えられます。あるいは、出品者は「当社は、視聴者に商品を配送するため、配送業者に商品を引き渡した時点で、当社の商品引渡義務は履行されたものとみなします。」といった内容の履行義務に関する条項を設けることも考えられます。

このような条項は債務不履行に基づく損害賠償責任を免責するものではありませんが、視聴者は、商品に対するコントロールが及んでいない時点で出品者の履行義務が尽くされたか否かを決められてしまうものであり、消費者契約法10条に該当し無効であると主張することが考えられます。そもそも、これらの規定はプラットフォーマーが定める利用規約により定めることはできないとされている場合も想定されます。そのため視聴者としては、仮に商品販売ページに免責条項が定められていたとしても、当該条項が無効である旨を主張することが考えられます。

15）出品者とプラットフォーマー間、プラットフォーマーと視聴者間で利用規約に基づき契約関係が成立している以上、視聴者としてはまずプラットフォーマーに連絡し、商品が届かない旨を伝え、プラットフォーマー経由で商品の引渡しを請求するのが一般的と考えられます。

第2 商品所有権の移転時期

【プラットフォーマー、視聴者の視点】

出品者が商品を配送するにあたり、視聴者が購入した商品の所有権の移転時期も問題となり得ます。動産の所有権は、原則として売買契約を締結した時に移転します（(民法176条）ただし、不特定物の売買の場合、原則として目的物が特定された時点（最判昭35年6月24日民集14巻8号1528頁))。他方、引渡しにおいて配送を伴う場合にもこのように考えると、視聴者は、実際に商品が手元に来ていないにもかかわらず所有権を得ている状態となるため、配送中の紛失リスク等商品に関する危険を引き受けてしまうこととなります。そのため、ライブコマースにおける利用規約では、上記トラブルを防止する観点、ユーザー保護の観点から、商品の引渡し完了時に商品の所有権が移転すると定めることが考えられます。

コラム　視聴者が海外に居住している場合

視聴者が海外に居住している場合、商品の配送、準拠法、裁判管轄等をめぐるリスクが顕在化する可能性が高くなります。特に出品者側からは重要な視点であり、配信者側からも、当該ライブ配信が海外でも視聴されることを想定し、リスクを事前に考慮しておく必要があります。

【出品者の視点】

利用規約によってはサービス提供範囲を国内に限定している場合もありますが、海外の顧客も潜在顧客としてサービスを展開できることは、ECのメリットの１つといえます。海外に居住している視聴者が商品を購入した場合、いわゆる「越境EC」として、①商品の配送に関する問題、

②トラブル発生時の準拠法の問題、③裁判管轄の問題が生じる可能性があるため留意が必要です。

①商品の配送に関する問題として、海外に商品を発送する場合、国内での配送以上の期間を要するため、配送期間中に商品が毀損、滅失する可能性が（相対的に）高くなり、出品者の債務不履行リスクが顕在化する可能性が高くなります。商品の引渡しをめぐっては、ユーザー保護のため、基本的には商品の引渡し完了時に商品の所有権が移転すると定める（プラットフォーマーの利用規約にその旨定められていた場合、従わざるを得ません）ことが多いと思われますが、それだけ商品の毀損、滅失リスクが顕在化する可能性が高くなることから、リスクが顕在化することにより出品者が被る損害が高額となる場合、保険で対応する等の対策を検討する必要があります。また、海外への配送に伴う関税に関しても留意する必要があります。なお、②準拠法の問題と③裁判管轄の問題については64頁をご参照ください。

【配信者の視点】

海外のユーザーが視聴することが想定されるライブ配信を実施する場合、配信者は、配信内容が現地の法規制に抵触しないか留意する必要があります。国によっては、特定の内容を含むコンテンツが制限されていたり、日本とは異なる文化、価値観により思わぬ炎上リスクを抱えていたりするため注意が必要です。他方、リソースを持たない配信者が他国の規制を広く調査して配信内容を決定することは事実上困難であり、コンテンツによっては配信対象国を日本に限定する等の割切りも必要です。

第3 商品の売買契約の取消し、無効への対応

1 ライブコマースにおける契約の取消し、無効

ライブコマースを通じて商品の売買が成立したとしても、規約の内容や、出品者又は配信者の行動如何によっては、当該契約が取り消されたり無効となる可能性があります。これらのリスクは、利用規約の内容が不当、不明確なものであったり、商品の説明が不十分あるいは視聴者において取引に必要な能力を備えていなかったりする場合に顕在化するため、それぞれの根拠を踏まえ、利用規約や体制の整備をしていくことが重要です。

2 消費者契約法の概要

まず留意する必要があるのが消費者契約法です。同法は、消費者と事業者との契約時において両者間には情報格差や交渉力の差があることに基づき、消費者の利益を保護することを目的として、消費者契約に関する不当な勧誘による契約の取消しと、不当な契約条項の無効等を定めています。具体的には、消費者は、事業者の一定の行為（誤認を通じて消費者の意思表示に瑕疵をもたらすような不適切な勧誘行為、具体的には、不実告知（同法４条１項１号）、断定的判断の提供（同条１項２号）、不利益事実の不告知（同条２項））により誤認し、それによって消費者契約の申込み又は承諾の意思表示をしたときは、これを取り消すことができることとされています。

消費者契約法でいう「消費者契約」とは、消費者と事業者との間で締結される契約と定義され（同法２条３項)、「消費者」とは、個人(事業として又は事業のために契約の当事者となる場合におけるものを除く。）をいい（同条１項)、事業としてでもなく、事業のためにでもなく契約の当事者となる主体を意味するとされています。「事業者」とは、法人その他の団体及び事業として又は事業のために契約の当事者となる場合における個人と定義され（同条２項)、「事業として又は事業のために」契約の当事者となる主体を意味するとされています[16)]。

【出品者、配信者の視点】

ライブコマースにおいては、出品者や配信者が個人（個人事業主）である場合、当該出品者が「事業者」に該当するかが問題となり得ます。このような両側面を持つ出品者は、「事業者」として「事業として又は事業のために」[17)]契約の当事者となる場合もあれば、「消費者」として「事業としてでもなく、事業のためにでもなく」契約の当事者となる場合もあり得るため、消費者契約法との関係では、当該個人が「事業として又は事業のために」契約の当事者となる場合には「事業者」として取り扱うことが妥当であるとされています。他方、配信者が単なる趣味としてライブ配信を行う場合、基本的には「事業者」に

16）消費者庁「逐条解説」
https://www.caa.go.jp/policies/policy/consumer_system/consumer_contract_act/annotations/

17）「事業として又は事業のために」とは営利の目的をもってなされるかどうかを問わず、公益・非公益も問わないとされます。そのため、非営利事業としてライブコマースを実施した場合であっても、消費者契約法は適用されると考えられます。

該当しないと考えられますが、プラットフォーマーからの分配金を受けられるようになった場合（視聴者からの「投げ銭」等によりマネタイズできるようになった場合）、金額等によっては、個人の趣味としての配信なのか、事業としての配信なのか不明確となり得ます。いずれにしても、分配金の金額や配信内容、配信実態、継続期間等を考慮し、「事業者」に該当するか否かを判断していく必要があると思われます。

また、出品者や配信者は、商品紹介ページやライブ配信内容で消費者契約法上の取消事由となる表現が含まれないよう留意する必要があります。特に、商品を勧めたいがゆえにあまりにキャッチーな謳い文句を用いると、「断定的判断」と評価されるおそれがあるため注意が必要です。「断定的判断」とは、「絶対に」「必ず」といった表現のように、確実でないものが確実であると誤解させるような決めつけ方をいいます。他方、事業者の非断定的な予想や個人的見解を示すことは断定的判断の提供に該当せず、消費者の判断の材料となるものについて真実のことを告げることも問題となりません。ライブ配信にあたっては、事前に出品者と台本やトークスクリプト、NG ワード集を共有する等の準備をしておき、後にトラブルとならないようにしておくことが重要です。

3　未成年者取消し

【視聴者の視点】

未成年の視聴者が、親権者又は法定代理人の同意を得ないで商品やデジタルコンテンツを購入した場合、原則として当該契約に関する意思表示を取り消すことができます（民法５条１項、２項）。ライブコマースにおいても同様に、未成年者が親権者又は法定代理人の同意を得ないまま、ライブ配信を視聴し商品や「投げ銭」に用いるデジタルアイテムを購入した場合、当該購入の意思表示は取り消すことができます。

もっとも、未成年者が成年者と偽り商品等を購入した場合、未成年者による「詐術」による意思表示として、取り消すことができなくなります（民法21条）。「詐術」とは、未成年者が相手を誤信させる目的で、成年者であると伝えることにより相手を信用させて契約した場合や、未成年者が相手を誤信させる目的で、法定代理人の同意を得ていないにもかかわらず同意を得ているなどと嘘をつくことにより、相手を信用させて契約した場合をいいます。具体的には、「電子商取引及び情報財取引等に関する準則」によれば、「詐術」に当たるかどうかは以下のような個別具体的な事情を総合考慮した上で実質的な観点から判断されるものとされています。

- 未成年者の年齢、商品・役務が未成年者が取引に入ることが想定されるような性質のものか否か
- 事業者が設定する未成年者か否かの確認のための画面上の表示が未成年者に対する警告の意味を認識させるに足りる内容の表示であるか
- 未成年者が取引に入る可能性の程度等に応じて不実の入力により取引することを困難にする年齢確認の仕組みとなっているか

上記考慮要素を踏まえると、ゲームのような未成年者による購入が想定される物が目的物であった場合や、また、購入時に視聴者に対し表示される説明が、本人が未成年者の場合は法定代理人又は親権者の同意を得なければならないことを理解できる説明になっていない場合、年齢確認時に実際とは異なる生年月日を入力することが事実上容易に可能な仕様となっていた場合には、仮に未成年者が成年者と偽って商品やサービスを購入したとしても、これらの事情は「詐術」に該当しない方向に働きます。また、商品やサービス購入時、単に「成年です

か」との問いに「はい」のボタンをクリックさせる場合や、利用規約の一部に「未成年者の場合は法定代理人の同意が必要です」と記載してあるのみの場合も、取消し可能な例として挙げられます[18)]。

ライブコマースにおいても同様に、例えばライブ配信における「投げ銭」で使用するデジタルコンテンツや、未成年者の使用も考えられるコスメ等は、上記未成年者による購入が想定される目的物に該当する可能性があり、また、例えばゲーム実況配信と併せて当該ゲームの販売を行った場合、当該ゲームは未成年者による購入が想定される物又はサービスに該当する可能性が高まると考えられます。

4 返品・交換

【プラットフォーマー、事業者、出品者の視点】

上記のほか、視聴者が購入した商品について、後に返品や交換の必要が生じることが考えられます。これらの対応や手続については利用規約や商品出品ページ上で定め、かかる定めに従って対応することが一般的ですが、内容によっては消費者契約法で無効となる可能性があるため注意が必要です。例えば、契約不適合に基づく事業者の損害賠償責任を全て免除し、又は事業者に責任の有無や限度を決定する権限を付与する条項、消費者が有する契約不適合責任に基づく解除権を放棄させ、又は事業者に解除権の有無を決定する権限を付与する条項は原則として無効となります（消費者契約法８条２項、同法８条の２）。

18）国民生活センター「インターネット通販で未成年者契約の取り消しを申し出たら断られた」
https://www.kokusen.go.jp/t_box/data/t_box-faq_qa2021_03.html#:~:text=%E8%A7%A3%E8%AA%AC、5%E6%9D%A1%E7%AC%AC1%E9%A0%85%EF%BC%89%E3%80%82

また、事業者の契約不適合責任の一部を免除したり、視聴者の権利行使期間や方法等を制限することにより、視聴者に不当な内容となる条項も無効となる可能性があります。

さらに、消費者契約法だけでなく特定商取引法上も留意が必要です。ライブコマースを通じた商品の売買は特定商取引法上の「通信販売」に該当し、視聴者は、返品特約の記載がない限り、商品の引渡しを受けた日から起算して8日が経過するまでは、売買の申込みを撤回又は契約を解除することができます（同法15条の3第1項本文）。ただし、プラットフォーマーが広告に「申込みの撤回等についての特約」を電子消費者契約に関する民法の特例に関する法律（電子消費者契約法）2条1項に定める要件に従って表示していた場合、当該特約により申込みの撤回、解除等について定められることになります（特定商取引法15条の3第1項ただし書、特定商取引法施行規則16条の3）。このような返品特約を定める場合、返品特約の内容は広告及び最終確認画面に表示する必要があります（特定商取引法11条4号、12条の6第1項2号）。

第4 配信アーカイブについて

【配信者、事業者、出品者等の視点】

配信者によっては、ライブ配信後、配信した動画データを保存して切り抜き動画や宣伝広告、実績の公開等、コンテンツを使い回したいというニーズがあります。配信されたコンテンツは配信者自らが具体的な表現を行っていることから、配信者が著作者となり著作権を有すると考えられ、自由に使用できるのが原則です。

なお、利用規約の定め方により、理論上はライブコマースサービス上で配信したコンテンツの著作権をプラットフォーマーに譲渡させることも可能ですが、上記配信者のニーズや、表現（コンテンツ）の多様性を促す観点では、著作権は配信者に帰属させ、必要に応じてプラットフォーマーや事業者は当該コンテンツの著作権を利用できる（利用許諾を受ける）と定めることが穏当と思われます。

また、出品者としても、配信者によるライブ配信コンテンツを商品の広告宣伝目的で利用したいというニーズがある場合、配信者は、出品者に対し、配信コンテンツの利用を許諾することが考えられます。この場合、配信者と出品者との利用許諾契約において、配信コンテンツの利用目的を商品の宣伝広告目的に限定する等の条件を付すことが重要となります。

第5　個人情報の取扱い

1　個人情報保護法

【プラットフォーマーの視点】

　プラットフォーマーは、ユーザーの氏名、住所、生年月日、IP アドレス、デバイス情報、視聴者 ID、パスワード等、様々な情報を取得することが想定されます。多数のユーザーが利用することが想定されるサービスである以上、ほとんどの場合、プラットフォーマーは「個人情報取扱事業者」（個人情報保護法 16 条 2 項）として、個人情報保護法の適用を受けることになると考えられます。プラットフォーマーによる個人情報の取扱いについては、主にプラットフォーマーが個人情報を取得する場面、個人情報を管理している場面、個人情報を第三者に提供する場面でそれぞれ問題となります。

2　個人情報取得時の注意点

【プラットフォーマー、事業者、出品者の視点】

　個人情報取扱事業者は、個人情報を取り扱うにあたっては、利用目的をできる限り具体的に特定しなければならず（個人情報保護法 17 条 1 項）、利用目的の特定にあたっては、当該個人情報がどのような目的で、どのように活用されるのかを、本人が一般的かつ合理的に想定できる程度に具体的に特定することが望ましいとされています。また、個人情報が第三者に提供されることが想定される場合、上記利用目的の特定の際にその旨が明確に分かるように特定しなければなりません。利用目的を具体的に特定している例としては、プラットフォーマー、事業者、出品者が視聴者から氏名、住所、メールアドレス等を取得する場合に、「ライブコマースサービスにおける商品の発送、関連するアフターサービス、新商品・サービスに関する情報のお知らせのために利用いたします」等の利用目的を明示している場合が考えられます。他方、利用目的が特定されていない例として、単に「当社の事業活動に用いるため」「マーケティング活動に用いるため」とのみ記載している場合が挙げられます。

 個人情報管理時の注意点

【プラットフォーマー、事業者、出品者の視点】

個人情報取扱事業者は、利用目的の達成に必要な範囲内において、個人情報データベース等への個人情報の入力時の照合、確認の手続の整備、誤り等を発見した場合の訂正等の手続の整備、記録事項の更新、保存期間の設定等を行うことにより、個人データを正確かつ最新の内容に保つよう努めなければなりません（個人情報保護法22条）[19)]。また、個人情報取扱事業者は、保有する個人データについて利用する必要がなくなったとき[20)]、すなわち、利用目的が達成され、当該目的

19）保有する個人データを一律に又は常に最新化する必要はなく、それぞれの利用目的に応じて、その必要な範囲内で正確性･最新性を確保すれば足りるとされています。

20）個人データについて利用する必要がなくなったときに該当する事例として、「キャンペーンの懸賞品送付のため、当該キャンペーンの応募者の個人データを保有していたところ、懸賞品の発送が終わり、不着対応等のための合理的な期間が経過した場合」が考えられます。

との関係では当該個人データを保有する合理的な理由が存在しなくなった場合、利用目的が達成されなかったものの当該目的の前提となる事業自体が中止となった場合等は、法令により保存期間等が定められている場合を除き、当該個人データを遅滞なく消去するよう努めなければなりません。そのため、プラットフォーマー、事業者、出品者としては、視聴者や配信者の個人データを上記に従い管理できる体制を構築、運用する必要があります。

また、個人情報取扱事業者に課せられる安全管理措置として、個人情報取扱事業者は、個人データの漏洩、滅失又は毀損の防止その他の個人データの安全管理のために必要かつ適切な措置を講じなければなりません（同法23条）。この措置は、個人データの漏洩等が発生した場合に本人が被る権利利益の侵害の大きさを考慮し、事業の規模及び性質、個人データの取扱状況、個人データを記録した媒体の性質等に起因するリスクに応じて、必要かつ適切な内容としなければならないとされます。プラットフォーマー、事業者、出品者としては、どのような機能、ルートでどのような個人情報が取得されるかを整理した上、漏洩等が発生した場合にいかなる事象が考えられるかを検討しつつ、事故を防止するための措置を構築したり、万が一漏洩事故が発生した場合の対応を構築していく必要があります。

4 個人情報提供時の注意点

【プラットフォーマー、事業者、出品者の視点】

プラットフォーマー、事業者、出品者が個人情報取扱事業者に該当する場合、原則として、あらかじめ本人の同意を得ずに個人データを第三者に提供することはできません（個人情報保護法27条1項）[21)22)]。例外としては以下の場合です[23)]。

・法令に基づく場合
・人の生命、身体又は財産の保護のために必要がある場合であって、本人の同意を得ることが困難であるとき。
・公衆衛生の向上又は児童の健全な育成の推進のために特に必要がある場合であって、本人の同意を得ることが困難であるとき。
・国の機関若しくは地方公共団体又はその委託を受けた者が法令の定める事務を遂行することに対して協力する必要がある場合であって、本人の同意を得ることにより当該事務の遂行に支障を及ぼすおそれがあるとき。
・当該第三者が学術研究機関等である場合であって、当該第三者が当該個人データを学術研究目的で取り扱う必要があるとき（当該個人データを取り扱う目的の一部が学術研究目的である場合を含み、個人の権利利益を不当に侵害するおそれがある場合を除く。）。

本人の同意を要する第三者提供については、親子兄弟会社、グループ会社の間で個人データを交換する場合も該当します。

なお、個人情報取扱事業者は、第三者に提供される個人データについて、本人の求めに応じて本人が識別される個人データの第三者への提供を停止することとしている場合で、以下の事項について個人情報保護委員会規則で定めるところにより、あらかじめ本人に通知し、又は本人が容易に知り得る状態に置くとともに個人情報保護委員会に届け出たときは、個人データが要配慮個人情報又は同法20条1項の規定に違反して取得されたもの若しくは他の個人情報取扱事業者から提供されたものを除き第三者に提供することができます（オプトアウト

21）第三者提供を受ける際には確認等が必要となります（個人情報保護法30条）。詳細は「個人情報の保護に関する法律についてのガイドライン（第三者提供時の確認・記録義務編）」を参照。

22）第三者提供にあたっては、記録の作成等が必要となります（個人情報保護法29条）。詳細は「個人情報の保護に関する法律についてのガイドライン（第三者提供時の確認・記録義務編）」を参照。

23）外国にある第三者への提供の制限については「個人情報の保護に関する法律についてのガイドライン（外国にある第三者への提供編）」を参照。

による第三者提供（同法27条2項））。

・第三者への提供を行う個人情報取扱事業者の氏名又は名称及び住所並びに法人にあっては、その代表者の氏名
・第三者への提供を利用目的とすること。
・第三者に提供される個人データの項目
・第三者に提供される個人データの取得の方法
・第三者への提供の方法
・本人の求めに応じて当該本人が識別される個人データの第三者への提供を停止すること。
・本人の求めを受け付ける方法
・その他個人の権利利益を保護するために必要なものとして個人情報保護委員会規則で定める事項

他方で、以下の場合、当該個人データの提供を受ける者は第三者に該当しないものとされています（同法27条5項、6項）。

・個人情報取扱事業者が利用目的の達成に必要な範囲内において個人データの取扱いの全部又は一部を委託することに伴って当該個人データが提供される場合
・合併その他の事由による事業の承継に伴って個人データが提供される場合
・特定の者との間で共同して利用される個人データが当該特定の者に提供される場合であって、その旨並びに共同して利用される個人データの項目、共同して利用する者の範囲、利用する者の利用目的並びに当該個人データの管理について責任を有する者の氏名又は名称及び住所並びに法人にあっては、その代表者の氏名について、あらかじめ、本人に通知し、又は本人が容易に知り得る状態に置いているとき。

ライブコマースにおいては、視聴者が購入した商品等を視聴者に配送するため、配送業務を配送業者に委託することが考えられます。この場合、出品者（個人情報取扱事業者に該当する場合）は、個人情報取扱事業者が利用目的の達成に必要な範囲内において個人データの取扱いの全部又は一部を委託することに伴って当該個人データが提供さ

れる場合として、配送業者に対し、送付先視聴者の住所、氏名等の個人情報を提供することが考えられます。

なお、この場合、上記配送業者（提供先）は、配送業務（委託業務）以外に当該個人データを取り扱うことはできません。また、個人情報取扱事業者には、個人データの取扱いの全部又は一部を委託する場合、その取扱いを委託された個人データの安全管理が図られるよう、委託を受けた者に対する必要かつ適切な監督を行わなければなりません（同法25条）。具体的には、同法23条に基づき個人情報取扱事業者自らが講ずべき安全管理措置と同等の措置が講じられるよう監督を行う必要があります。その際、取扱いを委託する個人データの内容を踏まえ、個人データが漏えい等をした場合に本人が被る権利利益の侵害の大きさを考慮し、委託する事業の規模及び性質、個人データの取扱状況等に起因するリスクに応じて、以下のうち必要かつ適切な措置を講じる必要があります。

・適切な委託先の選定

委託先の選定にあたり、委託先の安全管理措置が少なくとも個人情報保護法23条及び個人情報の保護に関する法律についてのガイドライン（通則編）で委託元に求められるものと同等であることを確認するため、ガイドライン「10（(別添）講ずべき安全管理措置の内容)」に定める以下の項目が、委託する業務内容に沿って確実に実施されることについてあらかじめ確認する。

①基本方針の策定
②個人データの取扱いに係る規律の整備
③組織的安全管理措置
④人的安全管理措置
⑤物理的安全管理措置
⑥技術的安全管理措置
⑦外的環境の把握

・委託契約の締結

委託契約には、当該個人データの取扱いに関する、必要かつ適切な安全管理措置として、委託先における委託された個人データの取扱状況を委託元が合理的に把握することを盛り込むことが望ましい。

・委託先における個人データ取扱状況の把握
　委託先における委託された個人データの取扱状況を把握するためには、定期的に監査を行う等により、委託契約で盛り込んだ内容の実施の程度を調査した上で、委託の内容等の見直しを検討することを含め、適切に評価することが望ましい。
　委託先が再委託を行おうとする場合は、委託を行う場合と同様、委託元は、委託先が再委託する相手方、再委託する業務内容、再委託先の個人データの取扱方法等について、委託先から事前報告を受け又は承認を行うこと、及び委託先を通じて又は必要に応じて自らが、定期的に監査を実施すること等により、委託先が再委託先に対して個人情報保護法25条の委託先の監督を適切に果たすこと、及び再委託先が個人情報保護法23条に基づく安全管理措置を講ずることを十分に確認することが望ましい。

　また、例えば配信者と出品者が個人データを共同利用者として共同利用する場合（同法27条5項3号）、特定の者との間で共同して利用される個人データを当該特定の者に提供する場合であって、以下の情報を、提供に当たりあらかじめ本人に通知し、又は本人が容易に知り得る状態に置いているときには、当該提供先は第三者には該当しません。

①共同利用をする旨
②共同して利用される個人データの項目
③共同して利用する者の範囲
④利用する者の利用目的
⑤当該個人データの管理について責任を有する者の氏名又は名称及び住所並びに法人にあっては、その代表者の氏名

　また、既に特定の事業者が取得している個人データを他の事業者と共同して利用する場合、当該共同利用は、社会通念上、共同して利用する者の範囲や利用目的等が当該個人データの本人が通常予期し得ると客観的に認められる範囲内である必要があります。その上で、当該

個人データの内容や性質等に応じて共同利用の是非を判断し、既に取得している事業者が同法17条1項の規定により特定した利用目的の範囲で共同して利用しなければなりません。

近時、Cookie、IPアドレス、位置情報、購買履歴等のデータが積極的に活用されています。このような情報は、「生存する個人に関する情報であって、個人情報、仮名加工情報及び匿名加工情報のいずれにも該当しないもの」として個人関連情報（同法2条7項）に該当し、個人関連情報取扱事業者は、提供先の第三者が個人関連情報を個人データとして取得することが想定されるときは、原則として、あらかじめ当該個人関連情報に係る本人の同意が得られていることを確認しないで個人関連情報を提供することはできません（同法31条）。

ここでいう「個人データとして取得する」とは、提供先の第三者において、個人データに個人関連情報を付加する等、個人データとして利用しようとする場合をいいます。提供先の第三者が、提供を受けた個人関連情報を、ID等を介して提供先が保有する他の個人データに付加する場合や、「個人データとして取得する」場合に該当します。他方、提供先の第三者が、提供を受けた個人関連情報を直接個人データに紐付けて利用しない場合は、別途、提供先の第三者が保有する個人データとの容易照合性が排除しきれないとしても、ここでいう「個人データとして取得する」場合には直ちに該当しないとされます。

第6 誹謗中傷問題への対応

1 深刻化する誹謗中傷問題

インターネット上には膨大なコンテンツが存在し、特にソーシャルメディアにおいては、様々なバックグラウンドを持ったユーザーが、文章、動画、画像等を通じて各々の主義主張をし、表現活動を行っています。しかし、これらの表現の中には、公序良俗に反しかねないものや第三者の権利を侵害する可能性があるものも存在し、特に誹謗中傷に関しては重大な社会問題となっています。三菱総合研究所「インターネット上の誹謗中傷情報の流通実態に関するアンケート調査結果」（総務省プラットフォームサービスに関する研究会（第36回）資料5）によれば、「他人を傷つけるような投稿（誹謗中傷）」は50.1%のユーザーが目撃しており、過去1年間にSNS等を利用した人の1割弱（8.9%）が「他人を傷つけるような投稿（誹謗中傷）」の被害に遭っていることが明らかとなっています。

誹謗中傷をめぐっては、①侮辱罪の法定刑引上げ、②プロバイダ責任制限法の改正をはじめとする被害者救済に向けた法改正が実施されています。これまで、侮辱罪の法定刑は「拘留又は科料」と相対的に軽く、（インターネット上であるかを問わず）誹謗中傷に対する抑止効果を発揮できているかが疑問視されていました。そこで、2022年6月13日に成立した「刑法等の一部を改正する法律」（令和4年法律第67号）では、侮辱罪の法定刑が「拘留又は科料」から「1年以下の懲役若しくは禁錮若しくは30万円以下の罰金又は拘留若しくは科料」に引き上げられました。また、2001年に制定されたプロバイダ責任制限法は、誹謗中傷等を含む内容の発信元を特定するための発信者情報開示手続を定めていますが、従来、誹謗中傷の被害者が発信者に対し削除請求や損害賠償請求を行うためには、①プラットフォーマーに対し開示請求（仮処分申立て）を行い、発信者のIPアドレスとタイムスタンプを取得した上で、②通信事業者等に対し開示請求（訴訟提起及び消去禁止の仮処分申立て）を行い発信者の氏名、住所を取得するという二段階の手続が必要でした。しかし、これらの手続は煩雑で時間を要することから、令和3年改正後には新たな裁判手続を創設し、これらを1つの手続により実施することを可能としました。また、開示請求の対象にサービスログイン時の情報（IPアドレス等）を含め、発信者を特定できる可能性を高めています。

誹謗中傷が発生した場合の対応

【視聴者、配信者の視点】

ライブコマースにおいては、ライブ配信中に、視聴者のコメントによる配信者への誹謗中傷、配信内容中に第三者に対する誹謗中傷や商品に対するネガティブなコメントがなされたり、商品の口コミでの誹謗中傷が発生することが考えられます。具体的には、視聴者が、ライブ配信中に配信者の容姿や言動を攻撃したり、配信者が競合商品を比較対象として取り上げ、紹介している商品のデメリットを過度に強調する場合（ただし、いわゆるデメリットプレゼンとして、メリットとデメリットを公平に伝えることが重要となる場合もある）や、他の配信者や有名人に対し攻撃する等の例が挙げられます。また、ライブ配信以外にも、商品の口コミに攻撃的なコメントが投稿される場合もあります。これらに対し被害者が考えられる手段としては、削除や謝罪、訂正を求める、慰謝料としての損害賠償請求を行うこと等が挙げられますが、不法行為に基づく損害賠償請求を行う場合、当該誹謗中傷が不法行為を構成するかどうかを検討する必要があります。また、内容証明郵便の送付や訴訟提起のため、加害者の氏名、住所を特定する必要があり、プロバイダ責任制限法に基づき、発信者情報開示請求を行うことになります。

【プラットフォーマーの視点】

プラットフォーマーとしては、被害者から発信者情報開示請求を受けた場合、プロバイダ責任制限法発信者情報開示関係ガイドライン[24)]に基づいて対応することになります。

①形式チェックと本人確認

まず、本人確認及び発信者情報開示請求書の形式面を確認します。記載漏れや明らかに不明な点がある場合、必要に応じて請求者に訂正を促します。

②発信者情報の保有の有無の確認

次に、プロバイダ責任制限法上、開示対象となる発信者情報はプロバイダ等が保有する情報に限られているため（同法5条）、プラットフォーマー側で請求者が求める発信者情報を保有しているかどうかを確認します。当該発信者情報を保有していない場合又は発信者情報の特定が著しく困難な場合、請求者に対してその旨を通知します。

③権利侵害情報の確認

プラットフォーマー側で発信者情報を保有しており、当該情報を特

24）プロバイダ責任制限法ガイドライン等検討協議会「プロバイダ責任制限法発信者情報開示関係ガイドライン」

定できた場合、請求者が主張する権利侵害情報について、請求書に記載されたURL及び対象となる情報を合理的に特定するに足りる情報（ファイル名、データサイズ、スレッドのタイトル書き込み番号、その他の特徴等）に基づいて、権利侵害情報が掲載され、又は掲載されていたことを確認できるか否かを検討します。

④発信者の意見聴取

プラットフォーマーは、発信者に対し意見照会書を送付し、発信者の意見を聴取します（同法6条1項）。ただし、意見聴取をすることが不可能又は著しく困難な発信者情報の場合や、請求者の主張及び証拠によっても、権利が侵害されたとは認められないことが明確に判断できる場合、意見聴取は不要です。プラットフォーマーは、発信者から開示に同意する旨の回答を得た場合、請求されている発信者情報を開示します。

⑤権利侵害の明白性の判断

発信者から同意が得られなかった場合又は一定期間（2週間）経過しても回答がない場合、プラットフォーマーは、請求者の「権利が侵害されたことが明らか」（同法5条）であるかどうかを検討します[25]。

⑥発信者情報の開示を受けるべき正当な理由の判断

また、プラットフォーマーは、請求書の記載に基づき請求者が発信者情報の開示を受けるべき正当な理由を有しているかについても判断します。以下の場合、通常は正当な理由があるものと考えられますが、いずれにしても、判断に迷う場合は専門家に相談した上で判断することが望ましいとされます。

25）権利侵害の明白性に関してどのような事情を考慮して検討すべきかについては、公益社団法人商事法務研究会「インターネット上の誹謗中傷をめぐる法的問題に関する有識者検討会取りまとめ」に詳細な記載があります。

・損害賠償請求権の行使のためである場合
・謝罪広告等名誉回復措置の要請のため必要である場合
・発信者への削除要請等、差止請求権の行使のため必要である場合

開示のための要件を満たすと判断された場合、プラットフォーマーは、請求者に対し請求されている発信者情報を開示します。開示を行った場合、発信者に対してその旨を通知する必要があります。他方、開示のための要件を満たさないと判断された場合、プラットフォーマーは、請求者に対し、要件を満たさないと判断した理由と発信者情報を開示しない旨を通知します。

⑦補充的な要件の判断

2021年改正法では、「侵害関連通信」（同法5条3項）に係る「特定発信者情報」（同法5条1項）の開示請求権について定められています。改正法は、SNS等へのログイン時等の通信に係る情報を「特定発信者情報」として定義しており、特定発信者情報の開示請求は、係る情報の開示を求めるものです。開示の対象はSNS等のアカウント作成時の通信、アカウントへのログイン時の通信、アカウントからのログアウト時の通信、アカウント削除時の通信に係る情報です。

当該開示の可否を判断するにあたっては、権利侵害の明白性（同法5条1項1号）、開示を受けるべき正当な理由（同項2号）の要件に加え、「補充的な要件」（同項3号）を満たすか否かを検討する必要があります。「補充的な要件」は、以下のいずれかに該当する場合をい

①当該特定電気通信役務提供者が当該開示の請求に係る発信者情報（特定発信者情報を除く）を保有していないと認めるとき（いわゆるコンテンツプロバイダ不保有）
②当該特定電気通信役務提供者が保有する当該権利の侵害に係る特定発信者情報以外の発信者情報が次に掲げる発信者情報以外の発信者情報であって

総務省令で定めるもののみであると認めるとき
・当該開示の請求に係る侵害情報の発信者の氏名及び住所
・当該権利の侵害に係る他の開示関係役務提供者を特定するために用いることができる発信者情報
③当該開示の請求をする者がこの項の規定により開示を受けた発信者情報によっては当該開示の請求に係る侵害情報の発信者を特定することができないと認めるとき（いわゆる経由プロバイダ不保有）

います。

上記①及び②はプロバイダがそもそも所定の特定発信者情報以外の発信者情報を保有していない場合であり、請求を受けたプロバイダは、システム上の当該情報の保有の有無を確認することになります。③は、請求者が特定発信者情報以外の発信者情報の開示を受けたものの、権利侵害投稿の発信者を特定することができなかった場合であり、当該発信者情報では発信者を特定できなかったとの経由プロバイダからの回答等を示す書面等を確認することになります。

第5章

その他の法律問題

ライブコマースの特徴の一つとして、有名人（芸能人）によるライブ配信により、商品の魅力をより強くアピールすることが挙げられますが、このようなタレントは芸能事務所に所属しているのが通常であり、タレントと芸能事務所との契約関係を理解しておくことは、芸能事務所との協業を実施する一助となります。また、いわゆるインフルエンサーは独自のファンコミュニティを構築している場合もあり、いかなる根拠に基づき運営されているかを理解しておくこともトラブルを避けるために有用です。本章では、ライブコマースの周辺領域としてこれらの法律問題について解説します。

芸能事務所との関係

1 芸能事務所における契約関係

【プラットフォーマー、出品者の視点】

ライブ配信は、アイドル、タレント、インフルエンサー等、知名度や影響力のある人物が実施することで、商品の宣伝広告、拡散効果が期待できます。これらの配信者は芸能事務所に所属していることが多く、配信者にライブ配信を委託するにあたり、芸能界の契約関係を理解しておくことは有益です。

配信者は、芸能事務所に所属するタレントとして、芸能事務所との間でマネジメント契約を締結している場合があります。このマネジメント契約は専属契約であることが多く、通常、当該タレントが複数の芸能事務所に所属することはありません。専属マネジメント契約では、タレントの出演義務、報酬、知的財産権の取扱い、契約期間、解除の場合の取扱い等、芸能事務所によるタレントのマネジメントに必要な内容が定められています。

専属マネジメント契約においては、契約当事者のタレントは他の事務所等第三者とマネジメント契約を締結することはできず、所属事務所が獲得した案件に出演する等の義務が発生します。このタレントの出演義務は事務所に対して負っており、広告代理店等の第三者とタレントとの契約関係はないことから、両者間に直接の権利義務関係は発生しません。

知的財産権の取扱いについては、事務所は、タレントの芸能活動により生み出される知的財産によってマネタイズし、それが原資となって他のタレントの育成等も可能となることから、タレントが番組に出演したり、音楽コンテンツを制作したりする中で発生する知的財産権は事務所に帰属すると定められるのが一般的です。

出品者等が、芸能事務所に対し、所属タレントによるライブ配信を依頼する場合、このような契約関係を踏まえておく必要があります。基本的に、出品者はタレントに対して直接指示をすることはできず（出品者とタレントとの契約関係はないため）、事務所を通じて企画やコンテンツを決定していくことになります。

コラム　芸能人と労働問題

タレントは個人事業主として芸能事務所と契約していることが多いように見受けられますが、芸能事務所の指揮命令に従って出演業務等を遂行した場合、タレントと芸能事務所との関係が雇用関係と評価される可能性があります。労働者性の判断にあたっては、厚生労働省「労働基準法研究会報告「労働基準法の「労働者」の判断基準について」」（昭和60年12月19日）が参考となります。同報告書は、以下（抜粋）のとおり考慮要素を示しており、実務上重要な参照文書です。

1 「使用従属性」に関する判断基準
(1)「指揮監督下の労働」に関する判断基準
（略）
イ　仕事の依頼、業務従事の指示等に対する諾否の自由の有無
「使用者」の具体的な仕事の依頼、業務従事の指示等に対して諾否の自由を有していれば、他人に従属して労務を提供するとは言えず、対等な当事者間の関係となり、指揮監督関係を否定する重要な要素となる。
（略）
ロ　業務遂行上の指揮監督の有無
（イ）（略）
業務の内容及び遂行方法について「使用者」の具体的な指揮命令を受けていることは、指揮監督関係の基本的かつ重要な要素である。しかしながら、この点も指揮命令の程度が問題であり、通常注文者が行う程度の指示等に止まる場合には、指揮監督を受けているとは言えない。なお、

管弦楽団員、バンドマンの場合のように、業務の性質上放送局等「使用者」の具体的な指揮命令になじまない業務については、それらの者が放送事業等当該事業の遂行上不可欠なものとして事業組織に組み入れられている点をもって、「使用者」の一般的な指揮監督を受けていると判断する裁判例があり参考にすべきだろう。
(略)
ハ　拘束性の有無
　勤務場所及び勤務時間が指定され、管理されていることは、一般的には、指揮監督関係の基本的な要素である。しかしながら、業務の性質上(例えば、演奏)、安全を確保する必要上（例えば、建設）等から必然的に勤務場所及び勤務時間が指定される場合があり、当該指定が業務の性質等によるものか、業務の遂行を指揮命令する必要によるものかを見極める必要がある。
ニ　代替性の有無－指揮監督関係の判断を補強する要素－
　本人に代わって他の者が労務を提供することが認められているか否か、また、本人が自らの判断によって補助者を使うことが認められているか否か等労務提供に代替性が認められているか否かは、指揮監督関係そのものに関する基本的な判断基準ではないが、労務提供の代替性が認められている場合には、指揮監督関係を否定する要素の一つとなる。

　前述のとおり、マネジメント契約では、事務所とタレントとの間の権利義務関係が定められますが、事務所がタレントに対し出演を指示する場合、「仕事の依頼、業務従事の指示等に対する諾否の自由の有無」があるかどうかが問題となります。「業務遂行上の指揮監督の有無」の観点では、事務所がどの程度指揮監督するかが問題となり、「拘束性の有無」については、例えば撮影場所の指定は業務の性質による拘束と考えられます。「代替性の有無－指揮監督関係の判断を補強する要素－」については、当該タレントだからこそキャスティングされている側面があれば、代替性は認められにくいと考えられます。

(2) 報酬の労務対償性に関する判断基準
　(略) 使用者が労働者に対して支払うものであって、労働の対償であれば、名称の如何を問わず「賃金」である。この場合の「労働の対償」とは、結局において「労働者が使用者の指揮監督の下で行う労働に対して支払うもの」と言うべきものであるから、報酬が「賃金」であるか否かによって逆に「使用従属性」を判断することはできない。
　しかしながら、報酬が時間給を基礎として計算される等労働の結果に

> よる較差が少ない、欠勤した場合には応分の報酬が控除され、いわゆる残業をした場合には通常の報酬とは別の手当が支給される等報酬の性格が使用者の指揮監督の下に一定時間労務を提供していることに対する対価と判断される場合には、「使用従属性」を補強することになる。

タレントの報酬は時間単位ではなく、出演番組や収録本数ごとに定まっているケースが多いと思われます。他方、何らかの事情で出演不能となり報酬が発生しない場合、上記判断基準との関係では、使用従属性を補強する要素となり得るとも思えますが、番組制作者は「そのタレント」だから出演を依頼したという側面もあり得るため、かかる出演業務と報酬との対価関係は、出演業務そのものの性質に基づいているものと考えられます。

> 2 「労働者性」の判断を補強する要素
> (略)
> (1) 事業者性の有無
> 労働者は機械、器具、原材料等の生産手段を有しないのが通例であるが、最近におけるいわゆる傭車運転手のように、相当高価なトラック等を所有して労務を提供する場合がある。このような事例については、前記1の基準のみをもって「労働者性」を判断することが適当でなく、その者の「事業者性」の有無を併せて、総合判断することが適当な場合もある。
> イ　機械、器具の負担関係
> 本人が所有する機械、器具が安価な場合には問題はないが、著しく高価な場合には自らの計算と危険負担に基づいて事業経営を行う「事業者」としての性格が強く、「労働者性」を弱める要素となるものと考えられる。
> ロ　報酬の額
> 報酬の額が当該企業において同様の業務に従事している正規従業員に比して著しく高額である場合には、上記イと関連するが、一般的には、当該報酬は、労務提供に対する賃金ではなく、自らの計算と危険負担に基づいて事業経営を行う「事業者」に対する代金の支払と認められ、その結果、労働者性を弱める要素となるものと考えられる。
> (略)

タレントが芸能事務所のリソースにより「育成」を受けていたとしても、例えばレッスン費用や衣装代はタレントが負担する場合、その金額によっては労働者性を否定する要素となり得ます。

> (2) 専属性の程度
> 　特定の企業に対する専属性の有無は、直接に「使用従属性」の有無を左右するものではなく、特に専属性がない事をもって労働者性を弱めることとはならないが、「労働者性」の有無に関する判断を補強する要素のひとつと考えられる。
> イ　他社の業務に従事することが制度上制約され、また、時間的余裕がなく事実上困難である場合には、専属性の程度が高く、いわゆる経済的に当該企業に従属していると考えられ、「労働者性」を補強する要素のひとつとして考えて差し支えないであろう。
> ロ　報酬に固定給部分がある、業務の配分等により事実上固定給となっている、その額も生計を維持しうる程度のものである等報酬に生活保障的な要素が強いと認められる場合には、上記イと同様、「労働者性」を補強するものと考えて差し支えないであろう。

　事務所とタレントが専属マネジメント契約を締結している場合、「特定の企業に対する専属性」があるとして、労働者性を補強する要素となり得ます。また、報酬が固定報酬である場合（固定報酬と歩合報酬からなる場合）、「報酬に生活保障的な要素」があるとして、労働者性を補強する要素となり得ます。他方、専属マネジメント契約であったとしても、個人としての活動に制約を加えない場合や（この場合、そもそも専属マネジメント契約といえるかも問題となり得ます）、固定報酬部分があったとしても、歩合報酬割合の方が多く、固定報酬部分が「生活保障的な要素」といえない場合、労働者性を補強する要素とはなりにくいと考えられます。

> 　以上のほか、裁判例においては、①採用、委託等の際の選考過程が正規従業員の採用の場合とほとんど同様であること、②報酬について給与所得としての源泉徴収を行っていること、③労働保険の適用対象としていること、④服務規律を適用していること、⑤退職金制度、福利厚生を適用していること等「使用者」がその者を自らの労働者と認識していると推認される点を、「労働者性」を肯定する判断の補強事由とするものがある。

　タレントはスカウトやオーディション等を通じて芸能事務所に所属するのが通常であり、芸能事務所の従業員採用の過程でなされるような選考手続は想定されない一方、仮に、タレントの報酬について給与所得としての源泉徴収を行っている場合や、労働保険の適用対象としている場合、労働者性を補強する要素となり得ます。

サービスの健全性確保

1　なぜサービスの健全性が必要か

ライブコマースサービスは、あくまでプラットフォームとしてライブ配信と商品の売買を行う「場」を提供しているのみという位置付けであり、原則として、プラットフォーマーが主体として商品を販売したり、ライブ配信コンテンツを制作、提供（配信）するのではなく、あくまで出品者や配信者が当事者となって実施するものです。したがって、出品する商品や配信コンテンツが違法なものでないこと、公序良俗に違反しないこと、さらには倫理的に「正しい」ものであることを担保する責任及びこれらの商品やコンテンツに関する責任は、一次的には出品者や配信者が負うのが原則です。しかし、いくらプラットフォームとはいえ、自らが管理しているサービス上で違法な商品や公序良俗に反するコンテンツが蔓延しているにもかかわらず何ら対応しない場合、被害者からの責任追及を受ける可能性があることはさることながらユーザーの質が悪化したり、「違法なコンテンツが出回っているサービス」「公序良俗に違反する商品を販売できるサービス」等といった悪評判が広がったり、実際に犯罪の温床となってしまうことになりかねません。そのため、プラットフォーマーとしては、サービスの健全性をいかに確保するかが重要な課題となります。

 事前の対策

サービスの健全性を確保するには、サービス上で違法行為や公序良俗に違反する行為がなされない仕組みとすることが理想です。そこで、事前の施策として、①出品者及び配信者の審査、②出品商品の審査、③配信内容の監視、④通報機能、⑤コメントの監視、⑥啓蒙活動が挙げられます。

①出品者及び配信者の審査

出品者や配信者の中には、サービスを違法又は公序良俗に反する目的で利用することを意図する者も存在します。これらの出品者や配信者のサービス利用を許してしまえば（プラットフォーマーとの間に利用規約に基づく契約関係を成立させてしまえば)、利用規約に基づく契約関係が存在している以上、プラットフォーマーとしては、当該ユーザーをサービスから排除するため、ユーザーの行為を契約解除事由にあてはめ、解除の意思表示を行い、当該ユーザーから解除を争われた場合には対応していく負担が生じます。そのため、まずはサービスに悪影響を及ぼすおそれのある出品者や配信者に、そもそもサービスを利用させない（サービス利用に対する申込みを拒絶する）ことが重要です。例えば、出品者からサービス利用の申込みがなされた際、出品者の氏名、住所等をインターネット上で検索し、過去に逮捕された報道がなされていないか、悪評が立っていないかを調査したり、いわゆる反社チェックサービスを利用した調査を行い、懸念がある場合には申込みを拒絶することが考えられます。また、配信者が過去に他のプラットフォームで配信している場合、当該配信を確認し、自社のサービス上で同種の配信がなされても問題ないか等を確認することも考えられます。このような審査を実施するにあたっては、属人化を防止し、判断の公平性を確保するためチェックリストを作成し、チェッ

クリストに沿って審査する方法[26]が有用と考えられます。

また、ユーザーの年齢確認も重要です。配信者であれば、多感な時期にライブ配信を行うことで生じ得る心身への影響や、想定される配信内容との兼ね合いを確認したり、視聴者については未成年者が法定代理人の同意を得ないまま高額課金をしてしまう可能性、長時間ライブ配信を視聴することにより日常生活へ悪影響が生じる可能性を考慮し、プラットフォーマーはサービス利用可能年齢を定め、ポリシーに従って年齢確認を行ったり、一定の年齢以下のユーザーはアカウント登録できないとする等の仕組みを構築することが考えられます。

なお、プラットフォーマーとしては、サービス利用に関する申込みを承諾するかどうかは自由であり、審査に不合格となった場合（申込みを拒絶する場合）であっても、必ずしもその理由を申込者に伝える必要はありません。

②出品商品の審査

出品者が出品しようとする商品が法令や公序良俗に違反する場合や、倫理的に許容できないものである場合、当該商品を出品させなければ、不健全な商品がサービス上あるいは市場で流通することを防止できます。そのためには、出品しようとする商品の審査においても同様に

26）審査資料として、個人の場合は身分証明書、法人の場合は登記簿謄本を取得して申込者の客観的な情報を明らかにし、これらをもとに調査することが多いと考えられます。

チェックリスト[27]を作成し、チェックリストに沿って出品の可否を審査すること[28]が考えられます。商品の出品を拒否する場合、プラットフォーマーと出品者との間には利用規約に基づく契約関係が成立している状態である以上、利用規約やガイドラインのどの条項に抵触するのか、なぜ当該商品が出品禁止商品といえるのか、その理由を説明できる状態としておくことには合理性があるように思われます。

③配信内容の監視

プラットフォーマーとしては、法令や公序良俗に違反する内容のライブ配信、倫理的に許容できないコンテンツが出回らないよう配信内容を監視し、必要に応じて配信を停止する仕組みを構築することが求められます。特にライブコマースにおいては、配信者が自らの集客力と影響力を活かして商品の購入に繋げていくため、配信内容は視聴者にとって重大な関心事となります。配信の監視方法としては、目視、AIの活用等様々ですが、配分できるリソースとの関係で可能な範囲で、かつ合理性のある仕組みを構築していく必要があります。もっとも、配信の停止は配信者の表現の自由を制約し得るため、当該配信内容が利用規約やガイドラインのどの条項に抵触するのか、なぜ配信を停止する必要性があるのか等を説明できる状態としておくことには合理性があるように思われます。

27）チェック項目としては、商品の類型（例：食品、健康器具、日用品、電子機器等）、関連法令の有無（例：薬機法等）、商品説明の表示の適切性等が考えられます。

28）審査にあたっては、商品について適用される関連法令の内容をチェックの上、商品説明の表示が適切か、配送時期等が適切か等の確認を行うことが考えられます。なお、価格についてはプラットフォーマーの関与が大きくなるとサービス規模によっては独占禁止法との関係性が問題となり得ます。

④通報機能

③のとおり、配信内容が常時監視され、法令や公序良俗に違反するコンテンツを検知できた場合、直ちに配信を停止させる等の措置を講じられる体制であることが望ましいものの、プラットフォーマーのリソースを全て投下することはできず、全ての配信を常時監視することは現実的には困難です。そこで、視聴者が、法令や公序良俗に違反すると思われる配信を発見した場合にプラットフォーマーに通報ができる仕組みにより、プラットフォーマーは視聴者の力を借りて法令や公序良俗に違反している可能性の高い配信への対応にリソースを集中することが可能となり得ます。ただし、当該配信が法令や公序良俗に反するとして通報されるかどうかは、視聴者の主観によるところが大きく、客観的に法令や公序良俗に違反するものであったとしても通報がなされない場合や、他方で客観的に法令や公序良俗に違反しないものであったとしても通報がなされる場合等も考えられます。プラットフォーマーとしては、通報を契機としつつも、客観的な見地から当該配信が法令や公序良俗に違反するかどうかを判断し、いかなる措置を講じ、あるいは講じないのかを決定することが重要となります。

⑤コメントの監視

ライブ配信中に視聴者から投稿されるコメントについても、配信者や出品商品に対する誹謗中傷や迷惑行為等によりサービスの秩序が害される可能性があります。このような事態を防止するため、プラットフォーマーとしては、法令や公序良俗に違反するコメントを検知、監視すると共に、配信者や他の視聴者に向けて当該コメントを表示させない、あるいは削除する等の仕組みを構築する必要があります。ただし、視聴者のコメントは数も多く、全ての内容をその都度判断して措置を講じることは現実的ではないため、事前にNGワードをプラットフォーマー側で設定しておく等の対応が重要となると考えられます。

他方、ライブ配信と異なり、コメントはテキストであるため、隠語やニュアンス、特定の状況下でのみ通用する文字列等、法令や公序良俗に違反するかどうかを客観的に判断することが困難なものもあり、プラットフォーマーとしては、NG ワードを定期的に見直す等、長期的継続的な対応が必要となると思われます。

⑥啓蒙活動

プラットフォーマーが上記仕組みをいかに構築したとしても、ライブ配信行為やコメントを投稿する行為、商品の購入行為が人の行動である以上、法令や公序良俗に反する行為を完全に防止することは不可能です。また、明確に法令や公序良俗に違反する場合はともかく、これらに違反するかどうかの判断がつきにくい「グレーゾーン」も存在し、この「グレーゾーン」の行為により、配信者や視聴者の権利が侵害されないまでも、「嫌な思いをする」ことも少なくありません。こうした行為は定性的な要素を含み、明確な基準を定めることは困難であるため、プラットフォーマーとしては、健全なコミュニティを形成するための啓蒙活動を行うことが考えられます。例えば、サービスの使い方やトラブル事例を紹介するコンテンツを作成の上配信することが考えられます。

3　事後の対策

いかにサービスの健全性を確保するための事前対策を講じたとしても、実際に発生した法令や公序良俗に違反する行為に対して毅然とした対応ができなかったり、制裁が伴わなければ実効性の乏しい仕組みとなってしまいます。そこで、プラットフォーマーとしては、事後対策として、①警告、②アカウント利用制限、③アカウント削除、④法的措置を講じることが考えられます。

①警告

法令や公序良俗に違反する内容のライブ配信やコメント投稿等の言動を行ったユーザーに対し、登録されているメールアドレスへのメール送信やサービス内のメッセージ機能、通知等を利用してそのような行為を注意すると共に、再度行った場合にはアカウント停止措置等を講じる旨警告することが考えられます。警告を受けたユーザーは、警告それ自体によってはサービス利用に関して具体的な制限を受けるわけではなく、また、そもそも当該警告の内容がユーザーに見られていなければ意味がありませんが、一定の牽制効果と、後に予定されるより重大な制裁措置の前提としての意味があります。

②アカウント利用制限

プラットフォーマーによる警告がなされてもなお法令や公序良俗に違反する行為を繰り返すユーザーに対し、プラットフォーマーとしては、当該ユーザーのアカウントの利用制限をかけることが考えられます。例えば、ライブ配信の閲覧自体は可能としつつ、配信機能やコメントの投稿機能を制限する等、段階的に制裁措置を講じていくことも考えられます。当該ユーザーから、機能の復活や利用制限がなされた理由を求める問合せがなされた場合、プラットフォーマーとしては、利用規約の根拠条項を示し、ユーザーから、当該行為を繰り返さないことの確約がなされるようであれば機能を復活させる対応をしていくことになると考えられます。

③アカウント削除

プラットフォーマーとしては、警告やアカウント利用制限を行ってもユーザーの行動に改善が見られない場合、当該ユーザーのアカウントを削除することが考えられます。もっとも、アカウント削除は、ユーザーがサービスを利用する権利を完全に剥奪する措置であるため、警告やアカウント利用制限等の相対的に軽度な措置を講じないままアカウント削除措置を講じた場合、プラットフォーマーがサービスを提供すべき義務を履行していないとして、ユーザーに対する債務不履行を構成するリスクも考えられるため、慎重に検討する必要があります。例えば、違反行為を繰り返すユーザーに対し、警告と機能制限措置を講じた上、なお法令や公序良俗に違反する行為が繰り返される場合や、明確に名誉毀損その他の犯罪行為を構成する行為が認められた場合にアカウント削除措置を講じる等、プラットフォーマーとしては、事前にポリシーを定めておき、また、属人化しないよう、ポリシーに従って対応することが必要と考えられます。

④法的措置

前述のとおり、アカウント削除措置はユーザーがサービスを利用する権利を剝奪する強力な制裁措置です。しかし、ユーザーがメールアドレスやIPアドレスを変更する等して再度アカウントを作成し、法令や公序良俗に違反する行為を繰り返す場合も考えられます（いわゆる「転生」）。このような場合、プラットフォーマーとしては、「アカウント」に対する制裁措置ではなく、「アカウントを保有している人」に対する法的措置を検討する必要があります。具体的には、当該行為の差止請求や、プラットフォーマーに損害が発生している場合は損害賠償請求を行うことが考えられますが、例えば誹謗中傷により直接損害を被るのは誹謗中傷の相手方であり、プラットフォーマーが主体となる請求は困難と思われます。プラットフォーマーとしては、当該行為の被害者から発信者情報開示が行われた場合に、プロバイダ責任制限法に基づき、情報の開示が可能な場合に対応していくことになると考えられます。なお、被害者から（任意の）情報開示が求められる場合もあり得ますが、プラットフォーマーはあくまで中立であり、いずれかの当事者に（法的根拠を超えた）「肩入れ」をすることはできないため注意が必要です。

第3 オンラインサロンとファンビジネス

1 オンラインサロンとは

オンラインサロンとは、一般的には、SNSやウェブサービスを通じて提供される会員制のコミュニティをいいます。オンラインサロンには様々なコミュニティが存在しており、例えばネットワーキングのようなコミュニティや、知識を共有する場としてのコミュニティ、ウェビナー等を通じた学びの機会を提供するコミュニティ等、様々な団体が様々な活動を行っています。

ライブ配信サービスとの関係では、有名な配信者がファンコミュニティとしてオンラインサロンを運営している場合があります。このようなオンラインサロンはファンクラブのような機能を持ち、新たなファンの獲得やファン向けのイベント開催等、様々な場面で活用することが期待され、ライブコマース上で販売される商品の販促活動にも活用し得るといったシナジーも考えられます。

2 オンラインサロンの運営形態

オンラインサロンの構成として、オンラインサロン主催者が、会員に対しコミュニティへの参加メリットを提供し、その対価として会費を徴収するという形態が採用されるのが一般的です[29)]。参加メリットとしては、オンラインサロンの目的に関連する情報が得られること、定期的なイベントへの参加権が得られること、他の会員とのコミュニケーションの場に参加できること（他の会員との交流）等が考えられます。また、オンラインサロンの運営ツールとして、クラウドファンディング事業者のプラットフォーム[30)]やSNSグループを利用したり、自らプラットフォームそのものを制作して運営している主催者等様々です。コミュニティの理念や行動原理も様々であり、例えば特定のテーマに対して共感する会員が集まり、主にグループ内のチャット等で交流がなされたり、定期的にオフラインでのイベントを開催している団体等もあります。

3　各当事者の法的地位

オンラインサロンの構成について、全体像をみると、①主催者と会員との関係、②会員間の関係に分けられ、オンラインサロンの運営のためオンラインサロン事業者のプラットフォームを利用している場合、さらに③会員とクラウドファンディング事業者との関係、④クラウドファンディング事業者と主催者との関係に分けられます。

29）コミュニティによっては、「原則として無料とし、希望する会員は自発的に会費を支払う」「主催者が提供するコンテンツは提供時期が決まっていない」「コミュニティにおけるコンテンツは主催者ではなく会員が作り上げる」等、必ずしも主催者から会員に対し提供されるコンテンツと会費との対価関係が成り立っていないように見えるものもあります。しかし、いずれにしても主催者は、会員が参加し自由にやり取りできる（参加メリットを得られる）場を提供していることに変わりはなく、会員から支払われる会費は、特定のコンテンツへの対価とはいえなかったとしても、そのような場に籍を置いておくための対価として位置付けられるように思われます。

30）クラウドファンディング事業者やSNSはあくまで媒体であり、オンラインサロンの主催者は主催者たる個人や法人になります。

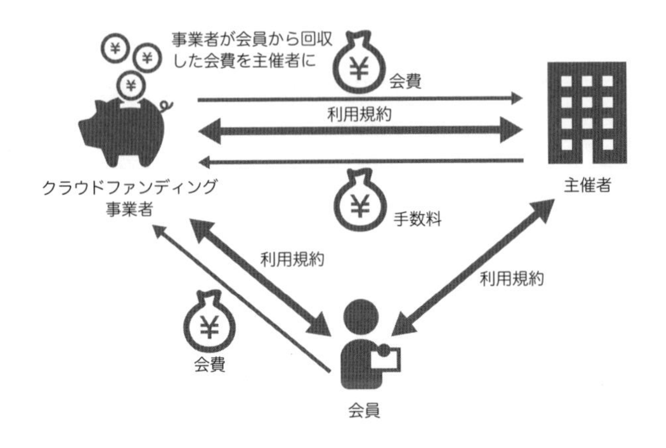

④ 主催者と会員との関係

主催者と会員との間では、主催者が定める利用規約に基づき各当事者の立場、権利義務関係が定められます。

まず、オンラインサロンへ参加するにあたって、一定の参加資格を設けている場合があります。例えば未成年者の場合、親権者又は法定代理人の同意が得られていることが条件とされていることが通常です。

申込者がオンラインサロンの会員資格を保有した後は、主催者が運営するコミュニティに参加できる権利が認められます。コミュニティによって参加の形態は様々で、SNSのグループやチャットツールのワークスペース等を活用し、オンラインサロン外の者がアクセスできないよう非公開の設定とした上で、会員が交流するためのコミュニケーションツールを通じて活動することが多いように思われます。グループは基本的に外部に対し非公開とされることから、上記の「主催者が運営するコミュニティに参加できる権利」の法的意味は、「当該コミュニティで使用するツール上でコメントを発信したり、他の会員の発信を閲覧、視聴できる地位、及び主催者が提供するコンテンツを享受したり、主催者が開催するイベントに参加できる地位」と考えられます。このような法的地位を得られる対価として、会員は会費を支払います（有料オンラインサロンの場合）。会費の支払方法も複数考えられ、主催者に対し直接支払う、クラウドファンディング事業者を経由して支払う等様々です。また、オンラインサロンによっては、会員にランクを設定し、ランクに応じて会費額が設定される場合もあります。この場合であっても、実際に会員がランクに応じたメリットを享受しているのであれば、会費と当該メリットとの対価関係が認められると考えられますが、例えばランクによってはメリットが変動しない場合（他の会員より多くの会費を支払ったとしても他の会員より大きいメリットを享受できない場合）、他の会員が支払う会費との差額については、主催者と会員間の合意により定めた金額として説明されることになると考えられます。

上記のように、様々な運営形態、コンテンツが考えられるオンラインサロンも完全に自由な場であるというわけではなく、サービスの健全性を確保するため、主催者により禁止事項が定められます。例えば、法令や公序良俗に違反する行為はもちろん、ネットワークビジネスや宗教の勧誘行為が禁止されている事例も見受けられます。また、主催者は、禁止事項に違反した会員に対して退会措置等の制裁措置を講じることができる旨も利用規約に定められます。

オンラインサロンにおいて会員がコンテンツを制作したり、何らかのアウトプットを行った場合、当該コンテンツに知的財産権が発生することがあります。このような場合に備え、利用規約において知的財産権の取扱いについて定め、主催者と会員間、会員相互間の権利義務関係を明確にしておく必要があります。定め方としては、主催者に知的財産権が帰属するというもの、会員に帰属するというもの、主催者と会員との共有とするもの、別途当事者間で協議して定めるとするもの等が考えられ、コミュニティの理念や性質に応じて定めていくことになると考えられます。

5 会員間の関係

オンラインサロンにおける会員相互間には直接の契約関係はなく、利用規約を通じてそれぞれの行動が規律されることになります。例えば会員間でトラブルが発生した場合、利用規約上、会員間による自主解決に委ね、運営者は関与しない旨定められていることがあります。ただし、この場合であっても、主催者に責任が発生し得る場合（善管注意義務が発生する場合）、会員間のトラブル解決に主催者が介入することも考えられます。

【利用規約の参考例[31]】

オンラインサロン利用規約

【主催者】（以下、「当社」といいます。）は、当社が提供するオンラインサロンサービス（以下、「本サービス」といいます。）を提供するにあたり、本利用規約（以下、「本規約」といいます。）を定め、会員は、本サービスを利用するにあたって本規約に同意するものとします。

第1条（オンラインサロンサービス）
　本サービスは、当社が運営するプラットフォームを通じて、情報を発信する主催者と会員間又は会員相互間において情報発信、コミュニケーションを行うことができる会員制のコミュニケーションサービスです。

第2条（定義）
　本規約における用語の定義は以下のとおりとします。
⑴ 「オンラインサロン」とは、主催者がSNS又は当社が運営するプラットフォームにおいて運営する、主催者と会員間又は会員相互間において情

31）主催者と会員間、会員相互間に適用される利用規約を想定しています。

報発信、コミュニケーションを行うことができるサービスをいいます。
⑵ 「主催者」とは、オンラインサロンを主催する個人又は法人その他の団体をいいます。
⑶ 「主催者発信情報」とは、主催者が本サービスにおいて発信する、文字、画像、動画等の一切の情報をいいます。
⑷ 「申込者」とは、本サービスにおいてオンラインサロンの入会を申し込む者をいいます。
⑸ 「会員」とは、第4条に従って会員登録を行った者をいいます。
⑹ 「当サイト」とは、当社が運営するウェブサイト「https://www ※」をいいます。
⑺ 「会員投稿情報」とは、会員が本サービスに投稿する文字、画像、動画等の一切の情報をいいます。

第3条（会員資格）
申込者は、オンラインサロンの会員となるに際し、以下の条件を全て満たし、本規約に同意した上で申し込むものとします。
⑴ オンラインサロンの会員登録にあたり当社に提供する情報が正確なものであること
⑵ 第8条1項各号に定める目的でオンラインサロンを利用するものでないこと
⑶ 会員となる者が未成年者の場合、親権者又は法定代理人の同意を得ること

第4条（会員登録）
1. 申込者は、当社に対し、当社が定める方法によりオンラインサロン会員登録の申込みを行うものとします。
2. オンラインサロンの会員登録は、当社が申込者に対し登録完了通知を送信した時点で完了します。
3. 当社は、第1項の登録申込みに際し、所定の審査を行う場合があります。
4. 前項の審査の結果、当社は、申込者からの登録申込みを承諾しない場合があります。この場合であっても、当社は、申込者に対し、不承諾の理由を説明する義務を負わないものとします。
5. 会員は、会員登録時に当社に提供した情報に変更があった場合、直ちに当サイト上で変更手続を行うものとします。
6. 会員が前項の変更手続を怠ったことにより損害を被ったとしても、当社は、当社に故意又は過失が認められる場合を除き、責任を負わないものとします。

第５条（配信コンテンツ）
1. 会員は、当社又は主催者がオンラインサロン上で発信する文字、画像、動画等によるコンテンツ（以下、「配信コンテンツ」といいます。）を、当社が定める利用環境において閲覧、視聴することができます。
2. 会員がオンラインサロンの会員資格を失った場合、当該会員は配信コンテンツを閲覧、視聴することができなくなります。
3. 当社は、配信コンテンツの配信を当社の判断により停止又は終了する場合があります。この場合であっても、当社に故意又は過失の認められる場合を除き、有料で配信された配信コンテンツに関する返金は行わないものとします。

第６条（利用料金等）
1. 会員は、オンラインサロンを利用するにあたり、本条第３項に定める方法により、当社に対して当サイトにおいて定める利用料金を支払わなければなりません。
2. 会員は、オンラインサロン上で有料の配信コンテンツを閲覧、視聴する場合、第１項に定める利用料金とは別に購入代金を支払わなければなりません。
3. 第１項に定める利用料金及び前項に定める購入代金は、原則としてクレジットカードにより決済されるものとします。
4. 当社は、利用料金を変更する場合、原則として会員に対し事前に通知するものとします。

第７条（返金）
1. 当社は、当社に故意又は過失が認められる場合を除き、会員が既に支払った利用料金及び購入代金を返金しないものとします。
2. 会員がオンラインサロンを自主退会又は会員資格が失効した場合であっても前項と同様とします。

第８条（禁止事項等）
会員は、オンラインサロンの利用にあたり、以下の行為を行ってはなりません。
⑴　会員資格の売買、譲渡
⑵　本規約又は法令に違反する行為、公序良俗に違反する行為及びこれらの行為を幇助、強制、助長する行為
⑶　当社、会員及びその他第三者の権利を侵害又は侵害するおそれのある行為

⑷　当社、会員及びその他第三者を誹謗中傷し又は名誉若しくは信用を毀損する行為
⑸　オンラインサロンにおいて利用する他のSNSが定める規約等に反する行為
⑹　援助交際、売春、買春等の勧誘又はこれらを助長する行為
⑺　児童ポルノの頒布又は児童虐待を誘引するおそれのある行為
⑻　民族、宗教、人種、性別又は年齢等に関する差別的表現行為
⑼　自殺、集団自殺、自傷、違法薬物使用又は脱法薬物使用等を勧誘、助長する行為
⑽　反社会的勢力に利益を提供し又は便宜を供与する行為
⑾　他の会員に対する宗教や政治活動への勧誘目的で本サービスを利用する行為
⑿　虚偽の情報を他の会員に流布する行為
⒀　他の会員のオンラインサロンの利用を妨害する行為
⒁　他の会員又は第三者になりすましてオンラインサロンを利用する行為
⒂　オンラインサロンの運営を妨害する行為
⒃　配信コンテンツに施された技術的保護手段を回避する行為
⒄　オンラインサロンを通じて取得した個人情報を本人の同意なく第三者に提供する行為
⒅　オンラインサロンにより提供される情報を改ざん・消去する行為
⒆　当社のサーバーに過度の負担を及ぼす行為
⒇　当サイトに接続されているシステム又はネットワークへの不正アクセス行為
㉑　コンピューターウィルス等有害なプログラムを使用又は提供する行為
㉒　当サイト上で使用されているソフトウエアのリバースエンジニアリング、逆コンパイル、逆アセンブル行為
㉓　その他本条各号に準ずる行為で、当社が客観的合理的に不適切と判断した行為

第9条（自主退会）
会員は、当サイト上で手続を行うことで、オンラインサロンを退会することができます。

第10条（会員資格の失効）
会員に以下の事由が生じた場合、会員資格は失効するものとし、当該会員はオンラインサロンの全部又は一部が利用できなくなります。
⑴　会員が登録したクレジットカードによる利用料金又は購入代金の決済が

できない場合
⑵　第11条に定める会員資格の失効措置を受けた場合

第11条（規約違反行為等に対する措置）
当社は、会員が以下に定める事項に該当する場合、事前に会員に通知することなく、会員投稿情報の削除、オンラインサロンの利用停止、会員資格の失効等必要な措置を講じることができるものとします。
⑴　本規約第8条に定める禁止事項に違反した場合
⑵　オンラインサロンの会員登録にあたり当社に提供した情報が虚偽であることが判明した場合
⑶　利用料金又は購入代金の支払いを怠った場合

第12条（知的財産権）
主催者発信情報に関する一切の知的財産権（著作権法第27条及び第28条の権利を含み、以下同様とします）は主催者に帰属し、会員投稿情報に関する一切の知的財産権は当該会員に帰属するものとします。当社は、当サイト保守やメンテナンス等の必要が生じた場合、係る保守やメンテナンス等に必要な範囲で、主催者発信情報及び会員投稿情報の複製等を行うことができるものとします。

第13条（会員投稿情報の監視）
当社は、オンラインサロンの適正な運営に必要な範囲で会員投稿情報を監視し、本規約第8条に定める禁止事項に違反する会員投稿情報に対し、第11条に定める措置を講じることができるものとします。

第14条（オンラインサロンの停止等）
1. 当社は、以下のいずれかに該当する場合、オンラインサロンの全部又は一部の提供を停止することができるものとします。
⑴　当サイトに係るシステムの点検又は保守作業等を行う場合
⑵　当サイトに係るシステム、通信回線等が停止した場合
⑶　地震、落雷、火災、風水害、停電等の天災事変その他非常事態が発生した場合
⑷　その他、当社がオンラインサロンを停止することが必要であると客観的合理的に判断した場合
2. 当社は、当社に故意又は過失が認められる場合を除き、前項の停止等によって会員が被った損害を賠償する責任を負わないものとします。

第15条（免責事項）
　会員間のやり取り、トラブル、紛争等は当該会員間で解決するものとし、当社に故意又は過失が認められる場合を除き、当社は一切の責任を負わないものとします。

第16条（損害賠償）
1. 会員の行為に起因して当社に損害が発生した場合、会員は、当社に対し、当該損害（訴訟費用及び弁護士費用を含みます。）を賠償するものとします。
2. 当社が損害賠償責任を負う場合、当該賠償額は、当社に故意又は重過失が認められる場合を除き、○万円又は当該会員の1年間の利用料金額のいずれか低い方を上限とします。

第17条（個人情報の取扱い）
　当社は、申込者及び会員がオンラインサロンを利用するにあたり当社に対して提供する個人情報を、当社のプライバシーポリシーに従い取り扱うものとします。

第18条（規約の変更）
　当社は、当社が必要と客観的合理的に判断した場合、本規約を民法第548条の4の規定に基づき変更することがあります。この場合、変更を行う旨及び変更後の本規約の内容並びに効力発生時期を、効力発生時期が到来するまでの間に、当サイトへの掲示、電子メール、プッシュ通知等の方法により周知します。

第19条（当社からの通知）
　当社から申込者、会員への連絡は、会員がオンラインサロン会員登録時に登録したメールアドレスへのメール送信又はオンラインサロン上の通知により行います。

第20条（権利義務の譲渡禁止）
　会員は、本規約に基づく契約上の地位及びこれにより生じる権利義務の全部又は一部を譲渡、担保設定その他の方法により処分をすることはできないものとします。

第21条（準拠法、専属的合意管轄）
1. 本規約は、日本法に準拠して解釈されるものとします。

2. 本規約に関する一切の紛争の解決は、東京地方裁判所を第一審の専属的合意管轄裁判所とします。

コラム　「やりがい搾取」と労務問題

オンラインサロンによっては、会員が運営者のイベント設営やサロン運営自体を手伝う形で「協力」することが１つの価値とされている場合もあります。有名人が主催するオンラインサロンであれば、運営に「協力」することで有名人に顔や名前を覚えてもらえたり、場合によってはビジネスに繋がる可能性もあります。しかし、このような「お手伝いできる権利」の実態が労働である場合、運営者と会員間に雇用関係が発生する可能性があります。会員の「協力」はあくまでボランティアとして自発的に「協力」しているものであり、運営者としては、会員に対し個別具体的な指示を出したり、時間による拘束をすることはできないと思われます。また、オンラインサロン内で事故が発生した場合（例えば、イベント設営中に会員が什器で怪我をした場合等）の責任関係も問題となり得ます。運営者と会員間には利用規約に基づく契約関係が発生しており、運営者はイベント設営中に、会員の生命身体に危険が及ばないよう注意すべき義務を負っていると考えられ、会員が自発的にイベント設営に参加していたとしても、そのこと自体をもって運営者は責任を免れるわけではないように思われます。

⑥ 会員とクラウドファンディング事業者との関係

オンラインサロンの運営のため、クラウドファンディング事業者のサービスが利用されている場合があります。会員は、オンラインサロンへの申込み、会費の支払い、退会処理等をクラウドファンディングサービスを通じて行うことになります。両者の関係はクラウドファンディング事業者が定める利用規約により規律されます。

 クラウドファンディング事業者と主催者との関係

オンラインサロンの運営のためクラウドファンディング事業者のサービスが利用されている場合、主催者は、オンラインサロン会員の募集、会費の回収等はクラウドファンディングサービスを通じ行うことになります。また、主催者は、会員から得られた会費の一定割合を手数料としてクラウドファンディング事業者に支払うのが通常です。そのため、オンラインサロン運営者としては、手数料の負担は生じるものの、プラットフォームを自ら管理する必要がなくなり、会費の回収リスクを低減できる等のメリットがあります。両者の関係はクラウドファンディング事業者が定める利用規約により規律されます。

付録

第1 プラットフォーマーの責任に関する裁判例

知財高判平成24年2月14日判時2161号86頁、判タ1404号217頁

【事案の概要】

事業者Yが運営するインターネット上の仮想ショッピングモールにおいて、ある出店者が、Xが保有する商標を無断で使用した商品を販売等している点について、Xが、Yに対し、当該出店者だけでなくモール運営者であるYも商標権侵害の責任を負うべきとして損害賠償等を請求した事案

【判旨】

「本件における被告サイトのように、ウェブサイトにおいて複数の出店者が各々のウェブページ（出店ページ）を開設してその出店ページ上の店舗（仮想店舗）で商品を展示し、これを閲覧した購入者が所定の手続を経て出店者から商品を購入することができる場合において、上記ウェブページに展示された商品が第三者の商標権を侵害しているときは、商標権者は、直接に上記展示を行っている出店者に対し、商標権侵害を理由に、ウェブページからの削除等の差止請求と損害賠償請求をすることができることは明らかであるが、そのほかに、ウェブページの運営者が、単に出店者によるウェブページの開設のための環境等を整備するにとどまらず、運営システムの提供・出店者からの出店申込みの許否・出店者へのサービスの一時停止や出店停止等の管理・支配を行い、出店者からの基本出店料やシステム利用料の受領等の利益を受けている者であって、その者が出店者による商標権侵害があることを知ったとき又は知ることができたと認めるに足りる相当の理由があるに至ったときは、その後の合理的期間内に侵害内容のウェブページからの削除がなされない限り、上記期間経過後から商標権者はウェブページの運営者に対し、商標権侵害を理由に、出店者に対するのと同様の差止請求と損害賠償請求をすることができると解するのが相当である。

けだし、(1) 本件における被告サイト（○○○○）のように、ウェブページを利用して多くの出店者からインターネットショッピングをすることがで

きる販売方法は、販売者・購入者の双方にとって便利であり、社会的にも有益な方法である上、ウェブページに表示される商品の多くは、第三者の商標権を侵害するものではないから、本件のような商品の販売方法は、基本的には商標権侵害を惹起する危険は少ないものであること、(2) 仮に出店者によるウェブページ上の出品が既存の商標権の内容と抵触する可能性があるものであったとしても、出店者が先使用権者であったり、商標権者から使用許諾を受けていたり、並行輸入品であったりすること等もあり得ることから、上記出品がなされたからといって、ウェブページの運営者が直ちに商標権侵害の蓋然性が高いと認識すべきとはいえないこと、(3) しかし、商標権を侵害する行為は商標法違反として刑罰法規にも触れる犯罪行為であり、ウェブページの運営者であっても、出店者による出品が第三者の商標権を侵害するものであることを具体的に認識、認容するに至ったときは、同法違反の幇助犯となる可能性があること、(4) ウェブページの運営者は、出店者との間で出店契約を締結していて、上記ウェブページの運営により、出店料やシステム利用料という営業上の利益を得ているものであること、(5) さらにウェブページの運営者は、商標権侵害行為の存在を認識できたときは、出店者との契約により、コンテンツの削除、出店停止等の結果回避措置を執ることができること等の事情があり、これらを併せ考えれば、ウェブページの運営者は、商標権者等から商標法違反の指摘を受けたときは、出店者に対しその意見を聴くなどして、その侵害の有無を速やかに調査すべきであり、これを履行している限りは、商標権侵害を理由として差止めや損害賠償の責任を負うことはないが、これを怠ったときは、出店者と同様、これらの責任を負うものと解されるからである。」

【ライブコマースへの転用】

本件は、プラットフォーム上でなされた違法行為について、当該違法行為の行為者のみならずプラットフォーマーまでもが責任を負うかについて判示された事例です。本件では商標権侵害が問題となりましたが、その他の権利侵害、例えば著作権侵害等の事例に関しては様々な裁判例がありつつも、一定の要件を満たす場合にはプラットフォーマーも責任を負う旨判示されています。本件をライブコマースに転用するとすれば、出品者が第三者の商標権を侵害する商品を出品した場合に、プラットフォーマーが責任を負う可能性があること、また、その責任を負う要件を示した事例として参考となります。

また、プラットフォーマーがいかなる対応をすべきかという観点からも参考となります。本件では、「ウェブページの運営者は、商標権者等から商標法違反の指摘を受けたときは、出店者に対しその意見を聴くなどして、その侵害の有無を速やかに調査すべきであり、これを履行している限りは、商標権侵害を理由として差止めや損害賠償の責任を負うことはない」旨判示されており、プラットフォーマーが実施すべき対応を示したものとして実務上参考となります。

もっとも、サービスの特性や仕様、事案の内容によって上記の実務上必要な対応は異なると考えられ、本件で示されている対応を実施したからといって、必ずしも責任を免れるとは限らない点には注意が必要です。

最判昭和63年3月15日判時1270号34頁（クラブキャッツアイ事件）

【事案の概要】

Ｙが経営するスナック等において、カラオケ装置とカラオケテープとを備え置き、ホステス等従業員がカラオケ装置を操作し、客に曲目の索引リストとマイクを渡して歌唱を勧め、客の選択した曲目のカラオケテープの再生による演奏を伴奏として他の客の面前で歌唱させ、また、しばしばホステス等にも客と共にあるいは単独で歌唱させ店の雰囲気作りをし、客の来集を図って利益をあげていたところ、Ｘが、Ｙの行為はＸの演奏権を侵害するとして、Ｙに対し演奏の差止め及び不法行為に基づく損害賠償を請求した事案

【判旨】

「上告人らは、上告人らの共同経営にかかる原判示のスナック等において、カラオケ装置と、被上告人が著作権者から著作権ないしその支分権たる演奏権等の信託的譲渡を受けて管理する音楽著作物たる楽曲が録音されたカラオケテープとを備え置き、ホステス等従業員においてカラオケ装置を操作し、客に曲目の索引リストとマイクを渡して歌唱を勧め、客の選択した曲目のカラオケテープの再生による演奏を伴奏として他の客の面前で歌唱させ、また、しばしばホステス等にも客とともにあるいは単独で歌唱させ、もつて店の雰囲気作りをし、客の来集を図つて利益をあげることを意図していたというの

であり、かかる事実関係のもとにおいては、ホステス等が歌唱する場合はもちろん、客が歌唱する場合を含めて、演奏（歌唱）という形態による当該音楽著作物の利用主体は上告人らであり、かつ、その演奏は営利を目的として公にされたものであるというべきである。けだし、客やホステス等の歌唱が公衆たる他の客に直接聞かせることを目的とするものであること（著作権法22条参照）は明らかであり、客のみが歌唱する場合でも、客は、上告人らと無関係に歌唱しているわけではなく、上告人らの従業員による歌唱の勧誘、上告人らの備え置いたカラオケテープの範囲内での選曲、上告人らの設置したカラオケ装置の従業員による操作を通じて、上告人らの管理のもとに歌唱しているものと解され、他方、上告人らは、客の歌唱をも店の営業政策の一環として取り入れ、これを利用していわゆるカラオケスナツクとしての雰囲気を醸成し、かかる雰囲気を好む客の来集を図つて営業上の利益を増大させることを意図していたというべきであつて、前記のような客による歌唱も、著作権法上の規律の観点からは上告人らによる歌唱と同視しうるものであるからである。

したがつて、上告人らが、被上告人の許諾を得ないで、ホステス等従業員や客にカラオケ伴奏により被上告人の管理にかかる音楽著作物たる楽曲を歌唱させることは、当該音楽著作物についての著作権の一支分権たる演奏権を侵害するものというべきであり、当該演奏の主体として演奏権侵害の不法行為責任を免れない。カラオケテープの製作に当たり、著作権者に対して使用料が支払われているとしても、それは、音楽著作物の複製（録音）の許諾のための使用料であり、それゆえ、カラオケテープの再生自体は、適法に録音された音楽著作物の演奏の再生として自由になしうるからといつて（著作権法（昭和61年法律第64号による改正前のもの）附則14条、著作権法施行令附則3条参照）、右カラオケテープの再生とは別の音楽著作物の利用形態であるカラオケ伴奏による客等の歌唱についてまで、本来歌唱に対して付随的役割を有するにすぎないカラオケ伴奏とともにするという理由のみによつて、著作権者の許諾なく自由になしうるものと解することはできない。」

最判平成23年1月18日民集65巻1号121頁（まねきTV事件）

【事案の概要】

放送局Xが、「まねきＴＶ」の名称で、利用者（契約者）がインターネット回線を通じてテレビ番組を視聴できるようにしたサービスを提供した事業者Yに対し、Xの放送についての送信可能化権（著作権法99条の2）及びXが製作した放送番組についての公衆送信権（同法23条1項）を侵害した

として、放送の送信可能化、放送番組の公衆送信の差止め及び損害賠償の支払いを請求した事案

【判旨】

「自動公衆送信は、公衆送信の一態様であり（同項9号の4)、公衆送信は、送信の主体からみて公衆によって直接受信されることを目的とする送信をいう（同項7号の2）ところ、著作権法が送信可能化を規制の対象となる行為として規定した趣旨、目的は、公衆送信のうち、公衆からの求めに応じ自動的に行う送信（後に自動公衆送信として定義規定が置かれたもの）が既に規制の対象とされていた状況の下で、現に自動公衆送信が行われるに至る前の準備段階の行為を規制することにある。このことからすれば、公衆の用に供されている電気通信回線に接続することにより、当該装置に入力される情報を受信者からの求めに応じ自動的に送信する機能を有する装置は、これがあらかじめ設定された単一の機器宛てに送信する機能しか有しない場合であっても、当該装置を用いて行われる送信が自動公衆送信であるといえるときは、自動公衆送信装置に当たるというべきである。そして、自動公衆送信が、当該装置に入力される情報を受信者からの求めに応じ自動的に送信する機能を有する装置の使用を前提としていることに鑑みると、その主体は、当該装置が受信者からの求めに応じ情報を自動的に送信することができる状態を作り出す行為を行う者と解するのが相当であり、当該装置が公衆の用に供されている電気通信回線に接続しており、これに継続的に情報が入力されている場合には、当該装置に情報を入力する者が送信の主体であると解するのが相当である。」

最判平成23年1月20日民集65巻1号399頁（ロクラクⅡ事件）

【事案の概要】

放送事業者であるXらが、「ロクラクⅡ」という名称のインターネット通信機能を有するハードディスクレコーダーを用いたサービスを提供するYに対し、同サービスは各Xが制作した著作物である放送番組及び各Xが行う放送に係る音又は影像についての複製権（著作権法21条、98条）を侵害するなどと主張して、放送番組等の複製の差止め、損害賠償の支払等を求めた事案

【判旨】

「放送番組等の複製物を取得することを可能にするサービスにおいて、

> サービスを提供する者（以下「サービス提供者」という。）が、その管理、支配下において、テレビアンテナで受信した放送を複製の機能を有する機器（以下「複製機器」という。）に入力していて、当該複製機器に録画の指示がされると放送番組等の複製が自動的に行われる場合には、その録画の指示を当該サービスの利用者がするものであっても、サービス提供者はその複製の主体であると解するのが相当である。すなわち、複製の主体の判断に当たっては、複製の対象、方法、複製への関与の内容、程度等の諸要素を考慮して、誰が当該著作物の複製をしているといえるかを判断するのが相当であるところ、上記の場合、サービス提供者は、単に複製を容易にするための環境等を整備しているにとどまらず、その管理、支配下において、放送を受信して複製機器に対して放送番組等に係る情報を入力するという、複製機器を用いた放送番組等の複製の実現における枢要な行為をしており、複製時におけるサービス提供者の上記各行為がなければ、当該サービスの利用者が録画の指示をしても、放送番組等の複製をすることはおよそ不可能なのであり、サービス提供者を複製の主体というに十分であるからである。」

【ライブコマースへの転用】

著作権法112条1項は、「著作者、著作権者、出版権者、実演家又は著作隣接権者は、その著作者人格権、著作権、出版権、実演家人格権又は著作隣接権を侵害する者又は侵害するおそれがある者に対し、その侵害の停止又は予防を請求することができる。」旨規定していますが、「侵害する者」の範囲については定義がなく、直接著作権侵害行為を行った者でなくとも、侵害物を拡散させる者についても、規範的に著作権侵害の主体と認めるべきではないかという論点があります。

上記クラブキャッツアイ事件は、管理支配関係と営業上の利益を考慮要素として形式的には侵害主体でない者を規範的に侵害主体とみなすいわゆる「カラオケ法理」を定着させた判例です。同事件後、まねきTV事件とロクラクⅡ事件判決において、管理支配関係と営業上の利益に限らず、その他の要素（複製の対象、方法、複製への関与の内容、程度等）も考慮し、複製における枢要な行為を行ったか否かにより侵害主体を判断するという、より規範的総合的判断がなされるようになりました。

これらの判例の射程は議論がありますが、ライブコマースサービスに転用するとすれば、サービスを運用するに際して、いかなる場合にプラットフォーマーが法律上権利侵害の主体となり得るかを検討するにあたり実務上参考となります。具体的には、出品者や配信者が違法な商品を出品したり、第三者の権利を侵害するコンテンツを配信している場合、プラットフォーマーは、出品者の出品内容を事前審査したり、配信者の配信内容をモニタリングし一時配信停止するといった措置が可能であり、プラットフォーマーと出品者、配信者は「管理支配関係」にあると考えられること、また、プラットフォーマーは出品者からの出品手数料、配信者のライブ配信に対し使用されたデジタルコンテンツを販売することにより代金を得ている立場にあることから、営業上の利益の観点でも、規範的に権利侵害の主体として認められ得る立場にあります。そのため、実務上の対応としては、違法な商品やコンテンツを検知できる仕組みを構築し、検知し次第プラットフォームから削除する等の対応が必要となります。

東京地判平成25年9月30日判時2212号86頁

【事案の概要】

小説家・漫画家・漫画原作者であるＸらが、Ｙらに対し、Ｙらは、電子ファイル化の依頼があった書籍について権利者の許諾を受けることなくスキャナーで書籍を読み取って電子ファイルを作成し、その電子ファイルを依頼者に納品しており、注文を受けた書籍にはＸらが著作権を有する作品が多数含まれている蓋然性が高く、今後注文を受ける書籍にも含まれている蓋然性が高いとして、Ｘらの著作権（複製権）が侵害されるおそれがあると主張して、著作権法112条1項に基づく差止め及び不法行為に基づく損害賠償を求めた事案

【判旨】

著作権法2条1項15号は、「複製」について、「印刷、写真、複写、録音、

録画その他の方法により有形的に再製すること」と定義している。
この有形的再製を実現するために、複数の段階からなる一連の行為が行われる場合があり、そのような場合には、有形的結果の発生に関与した複数の者のうち、誰を複製の主体とみるかという問題が生じる。
この問題については、複製の実現における枢要な行為をした者は誰かという見地から検討するのが相当であり、枢要な行為及びその主体については、個々の事案において、複製の対象、方法、複製物への関与の内容、程度等の諸要素を考慮して判断するのが相当である（最高裁平成21年（受）第788号同23年1月20日第一小法廷判決・民集65巻1号399頁参照）。
本件における複製は、上記（1）ア及びイで認定したとおり、①利用者が法人被告らに書籍の電子ファイル化を申し込む、②利用者は、法人被告らに書籍を送付する、③法人被告らは、書籍をスキャンしやすいように裁断する、④法人被告らは、裁断した書籍を法人被告らが管理するスキャナーで読み込み電子ファイル化する、⑤完成した電子ファイルを利用者がインターネットにより電子ファイルのままダウンロードするか又はDVD等の媒体に記録されたものとして受領するという一連の経過によって実現される。
この一連の経過において、複製の対象は利用者が保有する書籍であり、複製の方法は、書籍に印刷された文字、図画を法人被告らが管理するスキャナーで読み込んで電子ファイル化するというものである。電子ファイル化により有形的再製が完成するまでの利用者と法人被告らの関与の内容、程度等をみると、複製の対象となる書籍を法人被告らに送付するのは利用者であるが、その後の書籍の電子ファイル化という作業に関与しているのは専ら法人被告らであり、利用者は同作業には全く関与していない。
以上のとおり、本件における複製は、書籍を電子ファイル化するという点に特色があり、電子ファイル化の作業が複製における枢要な行為というべきであるところ、その枢要な行為をしているのは、法人被告らであって、利用者ではない。
したがって、法人被告らを複製の主体と認めるのが相当である。

【ライブコマースへの転用】

本判決は、いわゆる書籍の自炊代行業者の行為が著作権侵害となるかについて判断された事案です。複製の主体に関する判断にあたりロクラクⅡ事件を参照し、「書籍を電子ファイル化するという点」を特色として位置付け、「電子ファイル化の作業が複製における枢要な行為」と評価しています。

本件は事例判断であるものの、ライブコマースにおける枢要行為とは何かを検討する上で重要な裁判例と思われます。例えば、ライブコマースサービスにおける配信者の配信行為とプラットフォーマーの配信サービス提供行為のいずれを複製における枢要行為として位置付けられるかという点では、ライブコマースサービスでは、配信内容自体の決定権は配信者にあり、書籍の自炊行為と異なり、「その後の書籍の電子ファイル化という作業に関与しているのは専ら法人被告らであり、利用者は同作業には全く関与していない」わけではなく、配信行為そのものにはむしろ主体として行動している点が大きく異なるように思われます。

名古屋地判平成20年3月28日判タ1293号172頁、判時2029号89頁

【事案の概要】

Ｙの提供するインターネットオークションサイトを利用して商品を落札し、代金を支払ったにもかかわらず商品の提供を受けられなかった詐欺被害に遭ったＸらが、Ｙが提供するシステムには契約及び不法行為上の一般的な義務である詐欺被害の生じないシステム構築義務に違反する瑕疵があり、それによってＸらは詐欺被害に遭ったとして、Ｙに対し、債務不履行並びに不法行為及び使用者責任に基づく損害賠償請求を行った事案

【判旨】

欠陥のないシステムを構築してサービスを提供すべき義務について

「本件利用契約の内容となっている本件ガイドラインにおいては、被告は利用者間の取引のきっかけを提供するに過ぎない旨が定められており、被告は、これを指摘して、被告には利用者間の取引について一切責任を負わない旨主張する。しかし、本件利用契約は本件サービスのシステム利用を当然の前提としていることから、本件利用契約における信義則上、被告は原告らを含む利用者に対して、欠陥のないシステムを構築して本件サービスを提供すべき義務を負っているというべきである。」

「(3)　被告に求められる具体的義務の内容

被告が負う欠陥のないシステムを構築して本件サービスを提供すべき義務の

具体的内容は、そのサービス提供当時におけるインターネットオークションを巡る社会情勢、関連法規、システムの技術水準、システムの構築及び維持管理に要する費用、システム導入による効果、システム利用者の利便性等を総合考慮して判断されるべきである。」
「ア　注意喚起について
被告には、上記認定のとおり、本件サービスを用いた詐欺等犯罪的行為が発生していた状況の下では、利用者が詐欺等の被害に遭わないように、犯罪的行為の内容・手口や件数等を踏まえ、利用者に対して、時宜に即して、相応の注意喚起の措置をとるべき義務があったというべきである。」
「イ　信頼性評価システムについて
（ア）上記認定のとおり、現在まで日本にオークション利用者の信頼性を評価する第三者機関は存在していないのであるから、原告らの主張するような第三者機関による信頼性評価システムの導入は被告にとって相当な困難を強いることとなる。したがって、原告らの主張は、最初の被害が発生したとする平成12年から現在まで、いずれの時点においても、採用することはできない。
（イ）なお、原告A578は、本件サービスの利用者評価システムのポイントだけで出品者の信頼性を図ることはせず、同システムで設定されたコメントの内容までも確認して、出品者の信頼性を検討すること、本件サービスでは同一人物によるIDの複数所持により評価の自作自演が可能であることなどを供述し、本件サービスの利用者評価システムには、限界があるものの一定の信頼性評価の機能があることを是認している。また、原告A166は、本件サービスの利用者評価システムがあっても詐欺被害は防げないと考えている旨供述するが、他方、利用者評価システムを参考にして、出品者に気になる評価があれば入札はしない、同一人物又は仲間内での評価の付け合いによる利用者評価システムの悪用の効果は薄いなどとも供述し、同利用者評価システムに一定の利用者評価機能があることを是認している。原告A578及び原告A166の上記各供述に鑑みても、被告において、直ちに、現状の利用者評価システムに代えて、第三者機関による信頼性評価システムを導入すべきであるとまでいうことは困難であるといわざるをえない。」
「エ　エスクローサービスについて
原告らは、エスクローサービスを原則として義務付けるべきであると主張する。
（ア）確かに、エスクローサービスを利用すれば、業者が介在することから、本件サービスを利用した詐欺被害に遭うことはない。しかし、そもそも本件サービスは、インターネットオークションという仕組み上、一般消費者が買い手売り手になりうるシステムであり、販売店等を介さずに安価で目的商品を取得したいと考えて参加する利用者が大半であることからすると、出品・入札に際して、利用者にはなるべく代金その他手数料を抑えたいという心理が働いている（本件サービスの有料化に際して、利用者に反発が起こったのもその一つの現れ［原告Ａ 166］）といえる。エスクローサービスを利用すると、利用しない場合に比べて費用がかかるから、利用者には使いづらいサービスであるとの原告Ａ 166の供述、エスクローサービスをこれまで利用したこともないとの原告Ａ 578の供述によっても、余分に費用がかかるエスクローサービスを利用することは避けたいという利用者心理が容易にうかがわれる。

（イ）原告らは、エスクローサービスを利用しても、利用しない場合と比べて、低額に済むこともあると主張するが、証拠（甲12ないし15）及び弁論の全趣旨によっても、出品者の発送地及び落札者の受領地等の関係で低額となる場合があるに過ぎず、全体の傾向としては、利用した場合のほうが手数料総額としては高くなることが認められる。そして、利用者間の取引にエスクローサービスを義務付けるには、被告は、エスクローサービスの利用手数料を本件手数料に上乗せするなどして、その費用を回収する必要があるが、これは、利用者の代金その他手数料に関する心理を無視する結果となりかねない。

（ウ）以上のように、利用者の代金その他手数料に関する心理を考慮することなく、エスクローサービスを利用者間の全ての取引に義務付けることは、被告の営利事業としての本件サービスの運営に困難を強いることになるといわざるをえない。したがって、原告らの上記主張は、平成12年から現在まで、いずれの時点においても、採用することができない。」

「オ　補償制度について

（ア）原告らは、補償制度を充実させるべきであると主張するが、補償制度は事後的に被害を補償するものであって、これを充実させることが、詐欺被害の事前防止に結びつくといった関係にあるとは認めがたい。したがって、原告らの上記主張は、被告が負う具体的義務の内容として、そもそも採用することはできない。

（イ）なお、補償制度に関連し、原告Ａ 166は、被告はその提供する補償制度の適用外の出品を事前に削除すべきであり、本件サービスのシステムは一つなのだから、出品数がいくらであってもコストは問題とならないなどと供述する。確かに、本件サービスのシステムは大きく見れば一つではあるが、本件サービスにおける出品数は平成16年ころには月平均約880万件であり（甲19）、被告は、システム領域とは別に、各出品（オークション）ごとにデータ領域を確保して、本件サービスを提供しているのであって、出品数によって確認作業の手間が変わらないなどということはない。」

義務違反の有無について
「被告には、時宜に即して、相応の注意喚起措置をとるべき義務があったというべきところ、上記認定によれば、平成12年から現在まで被告は利用者間のトラブル事例等を紹介するページを設けるなど、詐欺被害防止に向けた注意喚起を実施・拡充してきており、時宜に即して、相応の注意喚起措置をとっていたものと認めるのが相当である。なお、原告らが本件サービスを利用した当時、インターネットオークションを利用した詐欺について、新聞報道等、社会的にどの程度問題とされていたかを認定するに足りる的確な証拠はない。」

【ライブコマースへの転用】

本件は、プラットフォーマーがいかなるレベルのシステムを構築し、サービスを提供すべきかを検討するにあたり参考となる事例です。利用契約を参照しつつではありますが、「本件利用契約における信義則上、被告は原告らを含む利用者に対して、欠陥のないシステムを構築して本件サービスを提供すべき義務を負っているというべきである。」と判示し、その義務の具体的内容は「そのサービス提供当時におけるインターネットオークションを巡る社会情勢、関連法規、システムの技術水準、システムの構築及び維持管理に要する費用、システム導入による効果、システム利用者の利便性等を総合考慮して判断されるべき」とも判示しています。近時、サイバーセキュリティへの関心がより一層高まっていること、セキュリティの脆弱性によって被る損害は多額にわたる可能性があることも踏まえれば、程度について議論はあり得るものの、「欠陥のないシステム」にはセキュリティ対策も含まれると考えられます。

他方、本件は原告が主張するエスクローサービスや補償制度についても検討しており、サービスを取り巻く環境によっては、特定のユーザーが実装すべきと主張する仕組みがオーバースペックとなることもあり、必ずしもその時点における最適解となるとは限らないため、特定の仕様を実装するか否かの判断にあたり参考となります。

東京高判平成13年9月5日判タ1088号94頁、判時1786号80頁

【事案の概要】

Xは、ニフティの主宰するパソコン通信ニフティサーブで開催されていた、現代思想フォーラムと称する電子会議室において書き込まれたYAの発言がXに対する名誉毀損、侮辱、脅迫であるとして、①発言者YAに対し不法行為に基づき、②運営管理者であるYBに対し名誉毀損等の発言を削除すべき義務を怠った不法行為に基づき、③ニフティに対し、運営管理者の使用者責任又は会員契約に付随する安全配慮義務違反等の債務不履行責任に基づき損害賠償及び謝罪広告を求めた事案

【判旨】

フォーラムの仕組みとシスオペ（運営管理者）の役割等について

「ア　シスオペは、控訴人ニフティとの間で締結されたフォーラム運営契約により、特定のフォーラムの運営及び管理を委託され、対価として歩合報酬を得る。その報酬は、控訴人Bの場合、シスオペを務める上で必要なパソコン及び周辺機器を揃える費用を賄うに足りる程度であった（原審控訴人B）。

イ　シスオペは、会員規約（乙4）及び運営マニュアル（丙2）に従い、フォーラムの運営及び管理をし、公序良俗に反する発言、犯罪的行為に結びつく発言、会員の財産、プライバシーを侵害する発言、会員を誹謗中傷する発言等一定の発言について、事前の通知を要せず、発言を削除することができ（会員規約18条）、フォーラムの運営に当たり、一般の社会人が多数参加している場として公共性を維持し、健全な運営を心がけ、フォーラム運営上のトラブルを未然に防止し、発生したトラブルに対しては素早い対応をし、対応できない場合は控訴人ニフティに連絡し、明らかに削除しなければならない発言は速やかに削除し、削除の判断に迷う場合は控訴人ニフティに相談する（運営マニュアル）ものとされている。

ウ　シスオペは、新聞、雑誌等の出版物と異なり、フォーラムや会議室における会員の発言の内容を事前に審査することができない上、平成5年12月ころは、控訴人Bを始め、多数の者が、シスオペの業務を専門とせず、本業の傍らこれに従事しており、会員による発言が日々多数に上り、その時刻も一定していないこともあって、自己の管理及び運営するフォーラムにおける会員の発言のすべてについて審査し、検討することはほとんど不可能であった。

エ　シスオペが会員の発言を削除する措置を講じると、会員は、当該発言をフォーラムにおいて読みとることができなくなるものの、この措置以前に当該発言をダウンロード（パソコン等に発言等を保存する行為をいう。）した会員を通じ、当該発言の内容を知ることができる。
オ　会員は、フォーラム等において、自己に向けられた名誉毀損発言等に反論し、自己の正当性を主張し、及びシスオペや控訴人ニフティに対しその削除を求めることができるものの、自らは、当該発言を削除するなど、当該フォーラムにおいて他の会員にそれを読まれないようにする手段を採ることはできない。」

シスオペの削除義務について
「ア　シスオペは、会員規約に基づき、フォーラムの適切な運営及び管理を維持するため、誹謗中傷等の問題発言を削除する権限を与えられ、当該発言の削除により、完全ではないものの、他の会員の目に触れなくして、被害の拡大を防ぐことができる。標的とされた会員は、自らは問題発言を削除することができず、当該発言がフォーラムに記録され続けることによる被害の継続を防ぐには、シスオペに指摘した上でシスオペの行動に待つ他ない。
イ　シスオペは、上記のとおり、それを業とする者でなく、他に職業を有する者から成る仕組みであった当時の実情から、問題発言を逐一点検し、削除の要否の検討を適時に実施することはできなかった。本件フォーラムは、フェミニズムという思想について議論することを標榜する以上、事後ではあっても、会員の発言内容を審査することをシスオペに求めるに帰することも、民主主義社会の議論の在り方とは背理する。
ウ　民主主義社会における議論においては、異論、異見は、容認される。尤も、議論の在り方についての理解を共有するに至らない者同士においては、激するあまり、相手を誹謗中傷するに等しい言辞により議論したり、スクランブル事件におけるように、異論や異見を有したり、相容れない主張をしたりする者をその故に排除するという未成熟な行動が生じ勝ちである。そのような場合においても、誹謗中傷等の問題発言は、標的とされた者から当該発言をした者に対する民事上の不法行為責任の追及又は刑事責任の追及により、本来解決されるべきものである。
エ　誹謗中傷等の問題発言は、議論の深化、進展に寄与することがないばかりか、これを阻害し、標的とされた者やこれを読む者を一様に不快にするのみで、これが削除されることによる発言者の被害等はほとんど生じない。
オ　以上の諸事情を総合考慮すると、本件のような電話回線及び主宰会社のホストコンピュータを通じてする通信の手段による意見や情報の交換の仕組みにおいては、会員による誹謗中傷等の問題発言については、フォーラムの円滑な運営及び管理というシスオペの契約上託された権限を行使する上で必要であり、標的とされた者がフォーラムにおいて自己を守るための有効な救済手段を有しておらず、会員等からの指摘等に基づき対策を講じても、なお奏功しない等一定の場合、シスオペは、フォーラムの運営及び管理上、運営契約に基づいて当該発言を削除する権限を有するにとどまらず、これを削除すべき条理上の義務を負うと解するのが相当である。」

シスオペの削除義務違反について

「先に認定した本件の事実経過及びシスオペの削除義務を前提とすると、本件において、控訴人Ｂについて、シスオペとしての削除義務に違反したと認めることはできない。その理由は、以下のとおりである。

ア　本件発言中、前記認定のとおり、被控訴人の社会的評価を低下させ、名誉感情を害するものは、本件発言が仮想空間においてされているものの、あたかも公衆の面前と同様に多数の者の知ることのできる態様によりされており、被控訴人に対する名誉毀損及び侮辱の不法行為が成立する。

イ　控訴人Ｂは、削除を相当とすると判断される発言についても、従前のように直ちに削除することはせず、議論の積み重ねにより発言の質を高めるとの考えに従って本件フォーラムを運営してきており、このこと自体は、思想について議論することを目的とする本件フォーラムの性質を考慮すると、運営方法として不当なものとすることはできない。

ウ　控訴人Ｂは、会員からの指摘又は自らの判断によれば、削除を相当とする本件発言について、遅滞なく控訴人Ａに注意を喚起した他、被控訴人から削除等の措置を求められた際には、対象を明示すべきこと、対象が明示され、控訴人ニフティも削除を相当と判断した際は削除すること、削除が被控訴人の要望による旨を明示することを告げて削除の措置を講じる手順について了解を求め、被控訴人が受け入れず、削除するには至らなかったものの、その後、被控訴人訴訟代理人から削除要求がされて削除し、訴訟の提起を受け、新たに明示された発言についても削除の措置を講じており、この間の経過を考慮すると、控訴人Ｂの削除に至るまでの行動について、権限の行使が許容限度を超えて遅滞したと認めることはできない。

エ　控訴人Ａの本件発言中、名誉毀損及び侮辱の不法行為となるものは、議論の内容とはおよそ関わりがなく、これに対して反論するなどして対抗することを相当とするような内容のものではない。控訴人Ｂは、シスオペとして、その運営方法についての前記考えに従い、このような発言についても、発言者に疑問を呈した他、会員による非難に晒し、会員相互の働きかけに期待し、これにより、議論のルールに外れる不規則発言を封じることをも期待したことが窺われ、このような運営方法についても不相当とすべき理由は見あたらない。殊に、控訴人Ａの発言中には、思想を扱うフォーラムにおいて、異見を排除したり、同控訴人についての個人的な情報を信義に悖る方法で得たりした被控訴人に対する非難が含まれており、被控訴人において弁明を要する事柄にも関係しており、一方的に控訴人Ａのみを責めることのできない事情が認められる。これらをも考慮すると、控訴人Ａの不法行為となる本件発言が議論の内容と関わりがなく、反論すべき内容を含まないからといって、控訴人Ｂが削除義務に違反したと認めることもできない。」

ニフティの責任について

「(1) 控訴人ニフティは、前記のとおり、控訴人Ｂについての削除義務違反が認められない以上、これを前提とする使用者責任を負わないことは明らかである。

(2) 被控訴人は、会員規約上、控訴人ニフティ及びシスオペに対して削除権限を定めていることをもって、個々の会員に対して誹謗中傷等の発言を削除する義務を負うなどと主張しているが、前提事実で認定したとおり、控訴人ニフティと会員との間においては、会員規約に基づき、控訴人ニフティが会員に対し、ニフティサーブというパソコン通信ネットワークを利用することができる権利を与え、その対価として、当該会員が、控訴人ニフティに対し、一定の利用料を支払うことを主旨とする契約であり、また前記会員規約第18条の削除規定に照らしても、控訴人ニフティが被控訴人主張の安全配慮義務又はその他の契約上の義務を負うとは認められず、債務不履行に基づく損害賠償請求は、理由がない。」

【ライブコマースへの転用】

本件は掲示板に記載された内容の削除義務に関する裁判例です。プラットフォーム運営事業者と運営委託契約を締結したコミュニティマネージャーのような位置付けの者（シスオペ）が、投稿されたコンテンツを削除する義務を負っているか否か及び当該義務違反が成立するかについて判示されている点が注目されます。本件では、会員による誹謗中傷等の問題発言に対する権限行使の必要性、他のユーザーの自己防衛手段がないことに言及し、運営契約に基づき当該発言を削除する権限と条理上の義務を負う旨判示されています。ライブコマースサービスに転用するならば、例えばライブ配信中の誹謗中傷コメント、名誉毀損となり得る商品レビューを監視し、健全なコミュニティを運営するため、プラットフォーマーがコミュニティマネージャーとして上記業務を第三者に委託している場合の受託者の業務内容を検討する上で参考になります。

なお、配信者によっては独自のファンコミュニティを持っている場合もあり、当該コミュニティでは一部のファンがコミュニティ管理を行っていることもあります。この場合、事業者ではない当該ファンがコミュニティにおける誹謗中傷コメントを削除する義務を負うかを検討するにあたっても参考となります。

東京高判平成14年12月25日高民集55巻3号15頁

【事案の概要】

Xは、Yが管理運営するインターネット上の掲示板において、Xの名誉を毀損する発言が書き込まれたにもかかわらず、Yがそれらの発言を削除する等の義務を怠り、Xの名誉が毀損されるのを放置したことにより損害を被ったとして、Yに対し、不法行為に基づく損害賠償請求、民法723条又は人格権としての名誉権に基づく本件掲示板上のXらの名誉を毀損する発言の削除を求めた事案

【判旨】

「ア　本件掲示板は、控訴人が開設し、管理運営しているが、控訴人は、利用者のIPアドレス等の接続情報を原則として保存せず、またその旨を明示しており、利用者は、掲示板を匿名で利用することが可能であり、利用者が自発的にその氏名、住所、メールアドレス等を明かさない限り、それが公表されることはない。したがって、本件掲示板に書き込まれた発言が他人の名誉を毀損することになっても、その発言者の氏名等を特定し、その責任を追及することは事実上不可能である。そして、このように匿名で利用でき、管理者ですら発信元を特定できないことを標榜している電子掲示板においては、ややもすれば利用者の規範意識が鈍麻し、場合によっては他人の権利を侵害する発言などが書き込まれるであろうことが容易に推測される。実際に、本件1、2のスレッドに限ってみても、被控訴人らに対するもののほか、他の多くの動物病院、獣医等に対する名誉毀損と評価し得る発言などが数多く書き込まれており、また、前記1（4）のとおり、本件掲示板において、D

生命及びその従業員個人に対する多数の誹謗中傷の発言がされた例もある。
イ　前記1 (2) のとおり、控訴人は、本件掲示板上の発言を削除する基準（削除ガイドライン）、削除依頼の方法等について定め、自己の判断で削除人を選任し、削除ガイドラインに従って発言を削除させ、あるいは削除人の削除権を剥奪するなどして、本件掲示板を管理運営している者であるから、本件掲示板における発言を削除する権限は最終的には控訴人に帰属しているものと認められる。
ウ　本件掲示板において他人の名誉を毀損する発言がされた場合、名誉を毀損された者は、その発言を自ら削除することはできず、控訴人の定めた一定の方法に従って、本件掲示板内の「削除依頼掲示板」においてスレッドを作って書き込みをするなどして上記発言の削除を求め、削除人によって削除されるのを待つことになる。控訴人が定めた削除ガイドラインは、前記1 (2) のとおり、個人に関する書き込みについては、個人を「一群、二類、三種」と3種類に分類した上、発言の内容について、「個人名・住所・所属」に関する発言、誹謗中傷の発言等に分けて、上記各分類ごとに削除するか否かの基準を定めてはいるが、上記3種類の分類では、当該個人が具体的にどの分類に当てはまるかが明確でない上、各分類ごとの発言の削除の基準も不明確であり、かつ、管理者である控訴人の判断に委ねられている部分もある。また、法人に関する発言の削除の基準についても、電話番号を除き、削除されない場合についてしか定められておらず、削除されない場合についての内容も明確ではない。結局、本件掲示板の削除ガイドラインは、その表現が全体として極めてあいまいで、不明確であり、個人又は法人の名誉を毀損する発言がいかなる場合に削除されるのかを予測することは困難であるといえる。このように、削除人が発言を削除する際の基準とされている削除ガイドラインの内容が明確でなく、しかも、削除人は、それを業とするものでないボランティアにすぎないことから、本件掲示板における発言によって名誉を毀損された者が、所定の方式に従って発言の削除を求めたとしても、必ずしも削除人によって削除されることは期待できないものである。
エ　本件掲示板は、約330種類のカテゴリーに分かれており、1日約80万件の書き込みがあること、削除人は、それを業とする者ではなく、いわゆるボランティアが180人程度であったことからすると、本件掲示板において他人の権利を侵害する発言が書き込まれているかどうかが常時監視され、適切に削除されるということは事実上不可能な状態であった。前記のとおり、被控訴人らが本件掲示板にスレッドを作ってした削除依頼も、実効性がなかった。」
「本件掲示板が、現在、新しいメディアとして広く世に受け入れられ、極めて多数の者によって利用されており、大方、控訴人の開設意図に沿って適切に利用されていることは、本件の各証拠並びに弁論の全趣旨に照らして容易に推認し得るところであるが、他方、本件掲示板は、匿名で利用することが可能であり、その匿名性のゆえに規範意識の鈍麻した者によって無責任に他人の権利を侵害する発言が書き込まれる危険性が少なからずあることも前記のとおりである。そして、本件掲示板では、そのような発言によって被害を受けた者がその発言者を特定してその責任を追及することは事実上不可能になっており、本件掲示板に書き込まれた発言を削除し得るのは、本件掲示板を開設し、これを管理運営する控訴人のみであるというのである。このような諸事情を勘案すると、匿名性という本件掲示板の特性を標榜して匿名による発言を誘引している控訴人には、利用者に注意を喚起するなどして本件掲示板に他人の権利を侵害する発言が書き込まれないようにするとともに、そのような発言が書き込まれたときには、被害者の被害が拡大しないようにするため直ちにこれを削除する義務があるものというべきである。

本件掲示板にも、不適切な発言を削除するシステムが一応設けられているが、前記のとおり、これは、削除の基準があいまいである上、削除人もボランティアであって不適切な発言が削除されるか否かは予測が困難であり、しかも、控訴人が設けたルールに従わなければ削除が実行されないなど、被害者の救済手段としては極めて不十分なものである。現に、被控訴人Ｂは、本件掲示板に本件各発言の削除を求めたが、削除してもらえず、本件訴訟に至ってもなお削除がされていない。

したがって、このような削除のシステムがあるからといって、控訴人の責任が左右されるものではない。また、控訴人は、本件掲示板を利用する第三者との間で格別の契約関係は結んでおらず、対価の支払も受けていないが、これによっても控訴人の責任は左右されない。無責任な第三者の発言を誘引することによって他人に被害が発生する危険があり、被害者自らが発言者に対して被害回復の措置を講じ得ないような本件掲示板を開設し、管理運営している以上、その開設者たる控訴人自身が被害の発生を防止すべき責任を負うのはやむを得ないことというべきであるからである。」

「しかるに、控訴人は、基本的事実（6）のとおり、現在に至るまで、本件各名誉毀損発言を削除するなどの措置を講じていないのであるから、控訴人には前記（2）の削除義務に違反しているというべきであり、被控訴人らに対する不法行為が成立する。」

「控訴人が本件各名誉毀損発言を削除するなどの措置を講じなかったことは、被控訴人らの名誉を毀損する不法行為を構成するのであり、これに加え、本件各名誉毀損発言の内容は、真実と認めるに足りず、その表現も極めて侮辱的なものであり、獣医である被控訴人Ｂの受けた精神的苦痛の程度は大きく、被控訴人Ｂの経営する被控訴人Ａもその経営に相当の影響を受けたものと認められ、本件各名誉毀損発言が削除されない限り、被控訴人らに更なる損害が発生し続けると予想されること、控訴人は、通知書、本件訴状及び請求の趣旨訂正申立書により本件各名誉毀損発言の削除を求められた後も、これに応じて削除をすることはなく、本件各名誉毀損発言は現在も本件掲示板に存在し、不特定多数人の閲覧し得る状態に置かれていること、本件各名誉毀損発言を削除すべきものとしても、その内容及び匿名で発言していることに照らし、発言者についても、管理者である控訴人についても、その被る不利益はいずれも小さいといえることなどの諸事情を考慮すると、被控訴人らは、控訴人に対し、人格権としての名誉権に基づき、それぞれ本件各名誉毀損発言の削除を求めることができるものというべきである。」

【ライブコマースへの転用】

本件は、インターネット上の掲示板が新しいメディアとして極めて多数の者によって利用されているものと位置付け、匿名性とそれにより無責任に利用される可能性を前提に、被害者が発言者を特定して責任追及することは事実上不可能であること、掲示板に書き込まれた発言を削除し得るのは管理運営者のみであるという事情を勘案し、利用者に注意を喚起する等して掲示板に他人の権利を侵害する発言が書き込まれないようにし、そのような発言が書き込まれたときには直ちに削除する義務がある旨判示しています。

ライブコマースに転用するならば、視聴者による匿名のコメント欄を設ける場合、出品された商品や配信内容に対し誹謗中傷コメントが投稿されることが想定されるところ、本件に書き込みがなされたのは2001年1月からであり、同年7月に訴訟提起されている一方、同年11月に発信者情報開示（プロバイダ責任制限法5条）の仕組みが整備されていること、近時はプラットフォームによるコンテンツモデレーションが実施されていることが一般的であることから、「他人の権利を侵害する発言」を削除する義務があることを前提に、削除基準を明確に定め、違法、公序良俗に反するコンテンツをいかに検知するかの仕組みを構築する上で参考となります。

なお、ライブ配信におけるコメントや配信内容は基本的にはリアルタイムで表示され、掲示板のようにこれらの内容を後から確認することはできません。このような、行為と権利侵害とが同時に発生するライブ配信プラットフォームと、権利侵害コンテンツが削除されない限り残り続ける掲示板とは性質が異なるため、本件がライブコマースサービスにどこまで妥当するかは検討を要すると思われます。

第2 利用規約をめぐる裁判例

さいたま地判令和2年2月5日判時2458号84頁

【事案の概要】

適格消費者団体Xが、事業者Yが提供するポータルサイトの会員規約に関し、消費者契約法8条1項1号及び3号に規定する消費者契約の条項に該当する以下の条項を含む契約の申込み又は承諾の意思表示を現に行い、又は行うおそれがあると主張して、Yに対し、本件契約条項を含む消費者契約の申込み又は承諾の意思表示の停止及びこれらの行為の停止又は予防に必要な措置として上記意思表示を行うための事務を行わないことをその従業員らに指示することを求めて提訴した事案

条項

7条（モバゲー会員規約の違反等について）

1項　モバゲー会員が以下の各号に該当した場合、当社は、当社の定める期間、本サービスの利用を認めないこと、又は、モバゲー会員の会員資格を取り消すことができるものとします。ただし、この場合も当社が受領した料金を返還しません。

a　会員登録申込みの際の個人情報登録、及びモバゲー会員となった後の個人情報変更において、その内容に虚偽や不正があった場合、又は重複した会員登録があった場合

b　本サービスを利用せずに1年以上が経過した場合

c　他のモバゲー会員に不当に迷惑をかけたと当社が判断した場合

d　本規約及び個別規約に違反した場合

e　その他、モバゲー会員として不適切であると当社が判断した場合

2項　当社が会員資格を取り消したモバゲー会員は再入会することはできません。

3項 当社の措置によりモバゲー会員に損害が生じても、当社は、一切損

害を賠償しません。

【判旨】
本件規約7条1項c号及びe号について
「本件規約7条1項c号は「他のモバゲー会員に不当に迷惑をかけたと当社が判断した場合」、e号は「その他、モバゲー会員として不適切であると当社が判断した場合」について、被告が会員資格取消措置等をとることができる旨を規定している。
この点、被告は、上記各号の「判断」とは「合理的な根拠に基づく合理的な判断」を意味し、そのように解釈することが一般的な契約実務である旨主張している。
しかしながら、c号の「他のモバゲー会員に不当に迷惑をかけた」という要件は、その文言自体が、客観的な意味内容を抽出し難いものであり、その該当性を肯定する根拠となり得る事情や、それに当たるとされる例が本件規約中に置かれていないことと相俟って、それに続く「と当社が判断した場合」という要件の「判断」の意味内容は、著しく明確性を欠くと言わざるを得ない。すなわち、上記要件の文言からすると、被告は上記の「判断」を行うに当たって極めて広い裁量を有し、客観性を十分に伴う判断でなくても許されると解釈する余地があるのであって、上記の「判断」が「合理的な根拠に基づく合理的な判断」といった通常の裁量の範囲内で行われると一義的に解釈することは困難であると言わざるを得ない（なお、本件規約5条1項には、モバゲー会員がモバゲーサイト内に記述した全ての情報及びモバゲー会員間でメール等によりやりとりがされる情報について、真実でないもの、他人の名誉又は信用を傷つけるもの等の同条1項各号所定の事由に該当する情報の記述を禁止することなど、規約違反となる事象を定めているところ、同条1項各号に違反する事象は、本件規約7条1項d号の対象となるものであるから、本件規約5条1項各号をもって、本件規約7条1項c号の例示であると解することはできない。）。
また、e号は、「その他、モバゲー会員として不適切であると当社が判断した場合」との要件であるが、同号の前に規定されているa、b及びd号はその内容が比較的明確であり、裁量判断を伴う条項ではないのに対し、e号については、「その他」との文言によりc号を含む各号と並列的な関係にある要件として規定されつつも、c号と同じ「判断した場合」との文言が用いられていることから、c号の解釈について認められる上記の不明確性を承継するものとなっている。」
「以上のとおり、上記各号の文言から読み取ることができる意味内容は、著しく明確性を欠き、契約の履行などの場面においては複数の解釈の可能性が認められると言わざるを得ない。」

本件規約７条３項について
「被告は、被告の「合理的な根拠に基づく合理的な判断」により、本件規約７条１項ｃ号又はｅ号が適用され、会員資格取消措置等をとった場合、被告は、当該会員に対して、サービスを提供する債務を負わず、そうである以上、債務不履行もあり得ず、損害賠償責任を負うこともないのであるから、本件規約７条３項は、同条１項ｃ号又はｅ号の適用により、被告に損害賠償責任が発生しないことを確認的に定めたものであり、免責条項ではないと主張する。
しかしながら、上記各号の文言から読み取ることができる意味内容は、著しく明確性を欠き、複数の解釈の可能性が認められ、被告は上記の「判断」を行うに当たって極めて広い裁量を有し、客観性を十分に伴う判断でなくても許されると解釈する余地があることは、上記イで判示したとおりである。そして、本件規約７条３項は、単に「当社の措置により」という文言を使用しており、それ以上の限定が付されていないことからすると、同条１項ｃ号又はｅ号該当性につき、その「判断」が十分に客観性を伴っていないものでも許されるという上記の解釈を前提に、損害賠償責任の全部の免除を認めるものであると解釈する余地があるのであって、「合理的な根拠に基づく合理的な判断」を前提とするものと一義的に解釈することは困難である。そうすると、本件規約７条３項は、同条１項ｃ号又はｅ号との関係において、その文言から読み取ることができる意味内容が、著しく明確性を欠き、契約の履行などの場面においては複数の解釈の可能性が認められると言わざるを得ない。」
「モバゲー会員からは、全国消費生活情報ネットワークシステムに対し、被告によりモバゲーサイト上のゲームの利用の一部を停止されたが、被告に問い合わせても理由の説明がされず、かつ、すでに支払った利用料金２万円の返金を拒まれているなどの相談が複数されていることが認められるところ、利用停止措置をとる場合のモバゲー会員に対するこのような対応ぶりに照らすと、被告は、上記のような文言の修正をせずにその不明確さを残しつつ、当該条項を自己に有利な解釈に依拠して運用しているとの疑いを払拭できないところである。」
「以上で判示したところによれば、本件規約７条３項は、同条１項ｃ号又はｅ号との関係において、その文言から読み取ることができる意味内容が、著しく明確性を欠き、契約の履行などの場面においては複数の解釈の可能性が認められるところ、被告は、当該条項につき自己に有利な解釈に依拠して運用していることがうかがわれ、それにより、同条３項が、免責条項として機能することになると認められる。

　したがって、法12条3項の適用上、本件規約7条3項は、「事業者の債務不履行により消費者に生じた損害を賠償する責任の全部を免除」する条項に当たり、また、「消費者契約における事業者の債務の履行に際してされた当該事業者の不法行為により消費者に生じた損害を賠償する責任の全部を免除」する条項に当たるから、法8条1項1号及び3号の各前段に該当するというべきである。」

【控訴審】

東京高判令和2年11月5日判時2356号121頁

「控訴人は、本件規約7条3項は控訴人が損害賠償責任を負わない場合にこれを負わないことを確認的に規定したものであって、免責条項ではない旨主張する。

　しかし、イにおいて説示したとおり、本件規約7条1項c号及びe号にいう「合理的に判断した」の意味内容は極めて不明確であり、控訴人が「合理的な」判断をした結果会員資格取消措置等を行ったつもりでいても、客観的には当該措置等が控訴人の債務不履行又は不法行為を構成することは十分にあり得るところであり、控訴人は、そのような場合であっても、本件規約7条3項により損害賠償義務が全部免除されると主張し得る。

　また、控訴人は、控訴人が客観的に損害賠償責任を負う場合は、そもそも本件規約7条1項c号又はe号の要件を満たさず、したがって、本件規約7条3項により免責されることもないと主張する。しかし、事業者と消費者との間に、その情報量、交渉力等において格段の差がある中、事業者がした客観的には誤っている判断が、とりわけ契約の履行等の場面においてきちんと是正されるのが通常であるとは考え難い。控訴人の主張は、最終的に訴訟において争われる場面には妥当するとしても、消費者契約法の不当条項の解釈としては失当である。」

「控訴人は、①一般に合理的限定解釈は許されること、②本件規約7条1項c号及びe号には多数の例示が示されていること、③他の企業においても「合理的な判断」との条項の意味内容につきトラブルが生じていないことからすると、本件規約7条1項c号及びe号の意味内容は明確である旨主張する。

　しかし、上記①については、事業者は、消費者契約の条項を定めるに当たっては、消費者の権利義務その他の消費者契約の内容が、その解釈について疑義が生じない明確なもので、かつ、消費者にとって平易なものになるよう配慮すべき努力義務を負っているのであって（法3条1項1号）、事業者を救済する（不当条項性を否定する）との方向で、消費者契約の条項に文言を補い限定解釈をするということは、同項の趣旨に照らし、極力控えるのが相当である。また、上記②については、控訴人が主張する例示（乙10）によっても、本件規約7条1項c号及びe号該当性が明確になるものとは解し難い。上記③についても、控訴人が主張するとおり、他の企業において、「判断」、「合理的な判断」といった条項の意味内容につきトラブルが生じていないとしても、そのことをもって、本件規約7条1項c号及びe号の「合理的な判断」の意味内容が明確であることを意味するものではない。」

【ライブコマースへの転用】

本件は、抽象的なユーザーの禁止事項の定めや、当該事項に該当するかどうかの判断についてプラットフォーマーに裁量権を認める条項について判断された事例であり、プラットフォーマーが利用規約を作成するにあたり参考となる裁判例です。

本件では、会員規約7条1項c号、e号それ自体が消費者契約法に違反し無効となるかについて判断されたわけではなく、このような明確性を欠く根拠規定をもとになされた会員資格取消措置等が債務不履行に該当する可能性があり、会員規約7条3項が消費者契約法8条1項1号、3号に該当するとされています。プラットフォーマーとしては、例えばアカウント削除（本件でいう会員資格の取消し）は視聴者にとって重大な権利の制約となり得るため、その理由を客観的に合理的に説明できるよう備えておく必要があるように思われます。また、利用規約の作成にあたっては、抽象的な条項については例を示したり、「合理的根拠に基づき合理的に判断した場合」との限定を付したり[32]、サービス利用制限に関するガイドラインを示す[33]等の対応が考えられ

32）古川昌平、小林直弥「消費者法実務（事業者側）の視点から（小特集　利用規約をめぐる東京高判令和2・11・5の実務への影響を読み解く）」NBL1184号26頁

33）大坪くるみ「事業者の法務の視点から（小特集　利用規約をめぐる東京高判令和2・11・5の実務への影響を読み解く）」NBL1184号35頁

ます。また、免責に関しても、全部免責とはせず軽過失の場合は損害賠償責任を負うことを前提に、損害賠償の範囲や上限を定める[34]ことも考えられます。さらに、本件は利用の一部停止措置の理由の問合せに対し説明がなされておらず、既に支払った利用料金の返金を拒まれている等の運用面に関する事実も考慮されています。そのため、ユーザーに対する制裁措置を講じる前に通知やメール等を通じて警告したり、より強度な措置を講じる際には利用規約上の根拠を示す等の対応を行うことも考えられます。

34）福岡真之介「プラットフォーム運営実務の視点から（小特集　利用規約をめぐる東京高判令和2・11・5の実務への影響を読み解く）」NBL1184号35頁

第3 利用規約例

前文
本利用規約（以下、「本規約」といいます。）は、本サービスの提供条件及び当社と登録ユーザーとの間の権利義務関係を定めるものです。本サービスを利用しようとする者は、本規約の全文をお読みいただいたうえで、本規約に同意するものとします。

第1条（適用）
1　本規約は、ユーザーと当社との間の本サービスの利用に関する一切の事項に適用されます。
2　当社が別途定める個別規約、ガイドライン等は本規約の一部を構成します。
3　本規約の内容と前項の個別規約、ガイドライン等、その他当社による本規約外における本サービスに関する説明等とが異なる場合、本規約が優先して適用されます。

第2条（定義）
本規約における用語の定義は以下のとおりとします。
⑴　利用契約：本規約を内容として当社と登録ユーザーの間で締結される、本サービスの利用契約
⑵　ユーザー：ライブ配信を行う配信者、ライブ配信を視聴する視聴者、商品を本サービスに出品する出品者、本サービスで商品を購入する購入者
⑶　利用申請者：本サービスの利用を申し込む者
⑷　登録情報：本サービスの利用登録のために必要な情報
⑸　登録ユーザー：第3条（登録）に基づいて本サービスの利用者としての登録がなされた個人又は法人
⑹　本サービス：当社が提供する【サービス名称】（サービスの名称又は内容が変更された場合、当該変更後のサービスを含みます。）
⑺　当社ウェブサイト：当社が運営するウェブサイト（【サービスURL】理

由の如何を問わず、当社のウェブサイトのドメイン又は内容が変更された場合は、当該変更後のウェブサイトを含みます。）
⑻　投稿データ：登録ユーザーが本サービスを利用して投稿その他送信するコンテンツ（文章、画像、動画その他のデータを含み、これらに限りません。）
⑼　知的財産権：著作権（著作権法第27条及び第28条に規定する権利を含みます。）、特許権、実用新案権、意匠権、商標権その他の知的財産権（それらの権利を取得し、又はそれらの権利につき登録等を出願する権利を含みます。）

第3条（登録）
1　利用申請者は、本規約を遵守することに同意し、登録情報を当社の定める方法で当社に提供することにより、当社に対し、本サービスの利用を申請することができます。
2　当社は、当社が定める基準に従い、利用申請者の登録の可否を判断し、当社が登録を認める場合、その旨を利用申請者に通知します。利用申請者の登録は、当社が本項に基づく通知を発信したことをもって完了したものとみなします。
3　前項に定める登録の完了時に、本サービスの利用に関する契約関係が利用申請者と当社との間に成立し、利用申請者は、本サービスを本規約に従い利用することができます。
4　当社は、利用申請者が以下の各号のいずれかの事由に該当する場合、本サービスへの登録及び再登録を拒否することがあります。その場合、当社は、登録及び再登録拒否の理由について開示する義務を負いません。
⑴　登録情報の全部又は一部につき虚偽、誤記又は記載漏れがあった場合
⑵　利用申請者が未成年者、成年被後見人、被保佐人又は被補助人のいずれかであり、かつ法定代理人、後見人、保佐人又は補助人の同意等を得ていなかった場合
⑶　反社会的勢力等（暴力団、暴力団員、右翼団体、反社会的勢力、その他これに準ずる者をいいます。）である、又は資金提供その他を通じて反社会的勢力等の維持、運営若しくは経営に協力、関与する等反社会的勢力等との何らかの交流又は関与を行っていると当社が合理的に判断した場合
⑷　過去に当社との契約に違反した者又はその関係者であると当社が合理的に判断した場合
⑸　利用申請者が第10条に定める措置を受けたことがある場合
⑹　その他、本サービスへの登録が適当でないと当社が合理的に判断した場合

第4条（登録情報の変更）
　登録ユーザーは、登録事項に変更があった場合、当社の定める方法により、当該変更事項を遅滞なく当社に通知するものとします。

第5条（パスワード及び視聴者IDの管理）
1　登録ユーザーは、自己の責任において本サービスのID、パスワードを適切に管理し、これを第三者に利用させたり、貸与、譲渡、名義変更、売買等をしてはならないものとします。
2　ID又はパスワードの管理不十分、第三者の使用等によって生じた損害に関する責任は、登録ユーザーが負うものとします。
3　登録されたID又はパスワードが使用された場合の当該ID又はパスワードに係るアカウントによる行為は、当該アカウントを保有する登録ユーザーの行為とみなします。
4　登録ユーザーが本サービスを利用するために必要な端末、機器、通信環境については、登録ユーザーの費用と責任において準備するものとします。

第6条（コンテンツの投稿、ライブストリーミング配信）
1　登録ユーザーは、本サービスを通じてコンテンツを投稿し、ライブストリーミング配信を行うことができます。
2　他の登録ユーザーにより投稿されたコンテンツやライブストリーミング配信は、本サービスを通じて閲覧、視聴することができます。登録ユーザーは、コンテンツやライブストリーミングについて別途定められた利用条件がある場合、これに従うものとします。
3　一部のコンテンツやライブストリーミング配信には、閲覧、視聴可能期間、地域制限や閲覧、視聴方法が制限されている場合があります。
4　投稿されたコンテンツ、配信されたライブストリーミング配信に関する知的財産権は、当該コンテンツ、ライブストリーミング配信の著作者等権利者に帰属します。
5　登録ユーザーは、他の登録ユーザーにより投稿されたコンテンツを、本サービスが予定している利用態様を超えて複製、送信、転載、改変等することはできません。
6　本規約に違反するコンテンツその他不適切と当社が合理的に判断するコンテンツは、事前の通知なく停止し又は削除する場合があります。

第7条（売買契約）
1　登録ユーザーは、本サービスを通じて、他の登録ユーザーに対し商品を販売することができます。かかる売買契約は、商品を出品する登録ユーザーと、商品を購入する登録ユーザーとの間で締結され、当社は売買契約の当事者となりません。商品を購入しようとする登録ユーザーは、売買契約の条件を確認し、自らの責任と判断で売買契約を締結し、売買代金を支払うものとします。
2　商品を出品する登録ユーザーは、前項の売買代金の支払いが完了した後、遅滞なく商品の発送手続を行うものとします。
3　売買契約によって購入した商品は、商品を購入した登録ユーザー都合による返品はできません。商品が契約に適合しないものである場合の交換、返品、返金等については、商品の受領後14日以内に、商品を出品した登録ユーザーに申し出てもらうものとします。
4　商品を出品した登録ユーザーと商品を購入した登録ユーザーとの間の紛争は、両者間で解決するものとし、当社は一切の責任を負いません。
5　ライブストリーミング配信の配信者と、商品の売主は異なる場合があります。商品の売主に関する情報は、商品詳細画面から確認することができます。

第8条（料金及び支払方法）
1　登録ユーザーは、本サービス利用の対価として、別途当社が定める利用料金を、当社が指定する支払方法により当社に支払うものとします。
2　前項の利用料金の支払を遅滞した場合、登録ユーザーは、年14.6%の割合による遅延損害金を当社に支払うものとします。

第9条（禁止事項）
登録ユーザーは、本サービスの利用にあたり、以下の各号のいずれかに該当する行為をしてはなりません。
⑴　登録ユーザー資格の売買、譲渡
⑵　本規約又は法令に違反する行為、公序良俗に違反する行為及びこれらの行為を幇助、強制、助長する行為
⑶　当社、他の登録ユーザー及びその他第三者の権利を侵害し又は侵害するおそれのある行為
⑷　当社、他の登録ユーザー及びその他第三者を誹謗中傷し又は名誉若しくは信用を毀損する行為
⑸　援助交際、売春、買春等の勧誘又はこれらを助長する行為
⑹　児童ポルノの頒布又は児童虐待を誘引するおそれのある行為
⑺　民族、宗教、人種、性別又は年齢等に関する差別的表現行為
⑻　自殺、集団自殺、自傷、違法薬物使用又は脱法薬物使用等を勧誘、助長する行為

⑼　反社会的勢力に利益を提供し又は便宜を供与する行為
⑽　他の登録ユーザーに対する宗教や政治活動への勧誘目的で本サービスを利用する行為
⑾　虚偽の情報を他の登録ユーザーに流布する行為
⑿　他の登録ユーザーの本サービスの利用を妨害する行為
⒀　他の登録ユーザー又は第三者になりすまして本サービスを利用する行為
⒁　本サービスの運営を妨害する行為
⒂　当社のサーバーに過度の負担を及ぼす行為
⒃　本サービスに接続されているシステム又はネットワークへの不正アクセス行為
⒄　コンピューターウイルス等有害なプログラムを使用又は提供する行為
⒅　本サービスで使用されているソフトウエアのリバースエンジニアリング、逆コンパイル、逆アセンブル行為
⒆　その他本条各号に準ずる行為で、当社が客観的合理的に不適切と判断した行為

第10条（本サービスの停止等）
当社は、以下のいずれかに該当する場合、登録ユーザーに対し、事前に通知することなく、本サービスの全部又は一部の提供を停止又は中断することができるものとします。なお、本条に基づき当社が行った措置により登録ユーザーが被った損害については、当社は責任を負わないものとします。
⑴　本サービスのシステム点検又は保守作業を実施する場合
⑵　コンピューター、通信回線等の障害、過度なアクセスの集中、不正アクセス、ハッキング等により本サービスの運営ができなくなった場合
⑶　地震、落雷、火災、風水害、停電、天災地変等の不可抗力により、本サービスの運営ができなくなった場合
⑷　その他、当社が停止又は中断を必要と合理的に判断した場合

第11条（権利帰属）
1　本サービスに関する知的財産権は全て当社又は当社に対し利用許諾している第三者に帰属しています。当社は、登録ユーザーに対し、本サービスの利用に必要な範囲で、本サービスに関する知的財産権の利用を非独占的に許諾するものとします。
2　本サービスに投稿したコンテンツ及び本サービス上で配信するライブ配信内容に関する知的財産権は全て当該コンテンツ等を創作等した登録ユーザーに帰属するものとし、登録ユーザーは、当該コンテンツ等に関する権利行使を自ら行うために必要な権利を適法に有していること及び投稿コン

テンツやライブ配信内容が第三者の権利を侵害していないことについて表明し、保証するものとします。

3　登録ユーザーは、当社が投稿コンテンツやライブ配信内容を本サービスの宣伝活動や事例紹介等の目的で使用することについて、あらかじめ許諾するものとします。

4　登録ユーザーは、当社に対し、投稿コンテンツ及びライブ配信内容に関する著作者人格権を行使しないことに同意するものとします。

第12条（登録抹消等）

1　当社は、登録ユーザーが以下の各号のいずれかの事由に該当する場合、事前に通知することなく、投稿データを削除又は非表示にし、当該登録ユーザーによる本サービスの利用を一時的に停止し、又は登録ユーザーとしての登録を抹消することができます。

⑴　本規約のいずれかの条項に違反した場合

⑵　登録情報に虚偽の事実があることが判明した場合

⑶　支払停止もしくは支払不能となり、又は破産手続開始、民事再生手続開始、会社更生手続開始、特別清算手続開始若しくはこれらに類する手続の開始の申立てがあった場合

⑷　当社からの問合せその他の回答を求める連絡に対して30日間以上応答がない場合

⑸　第9条各号に該当する場合

⑹　その他、当社が本サービスの利用又は登録ユーザーとしての登録の継続を適当でないと合理的理由に基づき判断した場合

2　前項各号のいずれかの事由に該当した場合、登録ユーザーは、当社に対して負っている一切の債務について期限の利益を失うものとします。

第13条（解約）

1　登録ユーザーは、当社所定の手続により本サービスを解約することができます。

2　前項の解約にあたり、登録ユーザーが当社に対して負っている債務がある場合、登録ユーザーは、当該債務の一切について当然に期限の利益を失い、直ちに当社に対して全ての債務を支払うものとします。

3　第1項の解約時、登録ユーザーが既に当社に対して支払った利用料金がある場合でも、当社は、当該料金を登録ユーザーに対し返金する義務を負わないものとします。

第14条（本サービスの内容の変更、終了）

1　当社は、当社の都合により本サービスの内容を変更し、又は本サービスの提供を終了することができます。
2　当社が本サービスの提供を終了する場合、当社は、登録ユーザーに対し、事前に通知するものとします。
3　本条に基づき当社が行った措置により登録ユーザーが被った損害については、当社は責任を負わないものとします。

第15条（免責等）
1　当社は、本サービスに起因して登録ユーザーに生じた損害について、当該損害が当社の故意又は過失による場合を除き責任を負いません。ただし、当社に過失（重過失を除く）がある場合、当社は登録ユーザーに現実に生じた通常かつ直接の範囲の損害に限り責任を負い、当社が賠償する損害額は○万円又は登録ユーザーが過去12ヶ月間に当社に対し支払った対価の金額のいずれか低い方を上限とするものとします。
2　本サービスに関し、登録ユーザーと他の登録ユーザーとの間において生じた紛争等は、当該登録ユーザーが自らの責任において解決するものとし、当社は責任を負わないものとします。
3　登録ユーザーの利用規約違反行為又は違法行為により、当社が損害を被った場合、当該登録ユーザーは、当該損害（訴訟費用、弁護士費用を含む）を賠償するものとします。

第16条（本規約の変更）
1　当社は、当社が合理的に必要と認めた場合、本規約を変更できるものとします。
2　当社は、本規約を変更する場合、変更後の本規約の施行時期及び内容を当社ウェブサイト上で掲示その他適切な方法により周知し、又は登録ユーザーに通知します。ただし、法令上、登録ユーザーの同意が必要となる内容の変更の場合、当社所定の方法で登録ユーザーの同意を得るものとします。

第17条（連絡及び通知）
1　本サービスに関する問合せその他登録ユーザーから当社に対する連絡又は通知その他当社から登録ユーザーに対する連絡又は通知は、当社の定める方法で行うものとします。
2　当社が登録情報に含まれるメールアドレスその他の連絡先に連絡又は通知を行った場合、登録ユーザーは当該連絡又は通知を受領したものとみなします。

第18条（サービス利用契約上の地位の譲渡等）

1　登録ユーザーは、当社の事前の承諾なく、本規約に基づく権利義務を第三者に譲渡、移転、担保設定、その他の処分をすることはできません。

2　当社は、本サービスに係る事業を第三者に譲渡した場合、当該事業譲渡に伴いサービス利用契約上の地位、本規約に基づく権利義務並びに登録ユーザーの登録情報その他の情報を、当該事業譲渡の譲受人に譲渡できるものとし、登録ユーザーは、かかる譲渡につき予め同意するものとします。

第20条（準拠法及び管轄裁判所）

1　本規約の準拠法は日本法とします。

2　本規約に関する一切の紛争は、東京地方裁判所を第一審の専属的合意管轄裁判所とします。

第4 ライブコマース立ち上げチェックシート

事業者がライブコマースサービスを立ち上げる場合を想定し、一般的に確認すべき項目のリストです。事業に関しては事業担当部門が詳細に検討すべきであり、管理部門の主な役割はリスク分析や必要な手続の検討等であるとの観点から、事業そのものに関するチェック項目は簡略化しており、また、具体的に確認すべき点は想定するサービスの構成や規模等により具体的な確認項目は変わり得る点にご留意ください。

☑チームの組成
- ☑財務、法務担当者のアサイン
- ☑外部専門家（弁護士等）から見積り取得
- ☑外部専門家への委任

☑事業内容の検討
- ☑マネタイズモデルの検討（「投げ銭」につき77頁）
- ☑事業計画の作成
- ☑KPIの設定

☑ステークホルダーの確認
- ☑当事者関係の整理（9頁）

☑商品の選定等
- ☑仕入先の選定
- ☑想定顧客の検討（海外の状況につき5頁）
- ☑取扱商品の決定

☑販売方法の検討（景品規制につき102頁）

☑配信者の選定
- ☑実績の確認
- ☑ターゲット層との整合性を確認
- ☑レピュテーションチェック
- ☑業務委託契約書の作成、契約締結（芸能事務所との関係につき137頁）

☑配信プラットフォームの選定
- ☑内製化の検討
- ☑（外部サービスを利用する場合）利用規約の確認（33頁）

☑コンテンツ制作
- ☑クリエイターの選定
- ☑下請取引該当性の検討（30頁）
- ☑業務委託契約書の作成、契約締結（28頁）
- ☑配信内容の決定

☑商品販売ページの制作
- ☑消費者契約法の確認（66頁）
- ☑表示規制の確認（90頁）
- ☑特商法に基づく表記の作成（94頁）

☑配送実務の確認
- ☑配送手段、ルートの確定
- ☑所有権移転時期の決定（111頁）

☑行政手続（27頁）
- ☑電気通信事業届出
- ☑前払式支払手段発行届出、発行保証金供託等
- ☑取扱商品に関し必要な手続の調査、履行

☑個人情報（120頁）
- ☑取得する個人情報の確定
- ☑個人情報管理体制の整備
- ☑第三者提供の有無

☑トラブル対策

- ☑誹謗中傷対策（128頁）
- ☑知的財産権保護（74頁）

（　）内は本書の関連頁

索 引

著 者 略 歴

星　諒佑（ほし　りょうすけ）
2013年弁護士登録（66期）
SHOWROOM株式会社専門執行役員
法律事務所及び不動産民間事業会社組織内弁護士を経て、2020年4月以降現職

主な著作として、「Q&Aでわかる業種別法務　不動産」（2019年7月　中央経済社）、「即実践!!　電子契約─電子契約・DX・文書管理（文書の電子化）の導入から運用まですべてを体験できる」（2020年8月　日本加除出版）、「宇宙ビジネス新規参入の手引き～NewSpaceに向けた自社技術と衛星データの活用・事業化検討」（2020年9月　情報機構）

ライブコマースの法律

2023年4月17日　初版発行

著　者　星　　諒　佑
発行者　和　田　　裕

発行所　日本加除出版株式会社
本　社　〒171－8516
東京都豊島区南長崎3丁目16番6号

組版・印刷　㈱精興社　　製本　藤田製本㈱

定価はカバー等に表示してあります。
落丁本・乱丁本は当社にてお取替えいたします。
お問合せの他、ご意見・感想等がございましたら、下記までお知らせください。

〒171-8516
東京都豊島区南長崎3丁目16番6号
日本加除出版株式会社　営業企画課
電話　03-3953-5642
FAX　03-3953-2061
e-mail　toiawase@kajo.co.jp
URL　www.kajo.co.jp

ISBN978-4-8178-4870-3